"大运河人物故事"丛书

丛书主编　张廷皓

江运交汇都市建设者

# 史弥坚

高逸凡　著

南京出版传媒集团　南京出版社

**图书在版编目（CIP）数据**

江运交汇都市建设者——史弥坚 / 高逸凡著.
南京：南京出版社, 2025. 3. -- (“大运河人物故事”丛书). -- ISBN 978-7-5533-5175-9

Ⅰ. K826.1

中国国家版本馆CIP数据核字第20254MC426号

**从 书 名** 大运河人物故事
**从书主编** 张廷皓
**书　　名** 江运交汇都市建设者——史弥坚
**作　　者** 高逸凡
**出版发行** 南京出版传媒集团
南 京 出 版 社
**社　　址** 南京市玄武区太平门街53号
**邮　　编** 210016
**联系电话** 025-83283873、83283864（营销）　025-83112257（编务）

**策划统筹** 卢海鸣　徐　智
**责任编辑** 潘　珂
**装帧设计** 王　俊　张　淼
**责任印制** 杨福彬

**排　　版** 南京新华丰制版有限公司
**印　　刷** 江苏扬中印刷有限公司
**开　　本** 787毫米×1092毫米　1/32
**印　　张** 3.5
**字　　数** 53千
**版　　次** 2025年3月第1版
**印　　次** 2025年3月第1次印刷
**书　　号** ISBN 978-7-5533-5175-9
**定　　价** 15.00元

# 总 序

大运河是中国人民的伟大创造。这条始建于公元前486年的人工水道，作为中国历史上贯穿南北的大动脉，集漕粮运输、商旅交通、军资调配、水利灌溉等功能于一身，不但加强了全国各地区间的政治、经济联系和文化交流，维护了多民族大一统国家的稳定和发展，而且使北方的丝绸之路和南方的海上丝绸之路在古老大陆的东方形成了闭环，因而具有世界意义。时至今日，大运河沿岸遍布城镇、码头、仓库、船闸、桥梁、堤坝等各类遗存，构成了中国乃至世界范围内罕见的线性文化带，并成功地在2014年6月22日第38届世界遗产大会上入选《世界遗产名录》。2017年6月，习近平总书记对建设大运河文化带作出重要指示，指出“大运河是祖先留给我们的宝贵遗产，是流动的文化，要统筹保护好、传承好、利用好”。2019年2月，中共中央办公厅、国务院办公厅联合印发《大运河文化保护传承利用规划纲要》，就进一步保护好、传承好、利用好大运河沿线的丰富文化遗产提出了明确要求。

回顾大运河萌芽、发展和演变的过程，诸如国家政策、政治形势、军事需要、地理环境等，虽然也都会对其历史变迁产生一定程度的影响，但从根本上来看，“人”的作用往往显得更为重要。千百年来，大运河的规划者、开凿者、建设者、管理者、治理者，以及其他与大运河有关的各类人物，凭借着不拘一格的思考方式、与时俱进的思维理念、突破常规的制度创新、因地制宜的技术方法革新，比较圆满地解决了大运河形成过程中所遇到的自然、运输和管理等一系列问题，实现了大运河从地区性到整体性、临时性到制度性、零散性到系统性的质变。这些大运河历史上涌现出的杰出人物，作为创造、改变和塑造大运河的主体和关键，其思想观念中闪烁着的智慧光芒，和一言一行中表现出的担当作为，不仅是大运河历史上无比珍贵的宝藏，同时也是彰显和传播中华民族灿烂文明的重要文化遗产，值得我们进一步挖掘和弘扬。

与蔚为大观的河道变迁、漕运制度、城镇商业、文化风俗等成果相比，有关大运河人物的研究相对薄弱。为了展现大运河深厚而丰富的文化内涵，传承和弘扬中华优秀传统文化，南京出版传媒集团（南京出版社）决定推出一套“大运河人物故事”丛书。这套面向广大青少年读者的普及性读物，精选历代与大运河有关的著名人物，时间上从春秋战国直至民国时期，空间上则覆盖隋唐大运河、京杭大运河和浙东运河。每册均邀请学有专长的作者撰写，力图在准确把握史实的基础上，用生动活泼的语言文字，引人入胜的故事情节，丰富多彩的知识拓展，刻画每一位大运河人物的主要经历，涉及凿河规划、水利建设、漕运管理、治运思想与实践、研究著述以及后世影响等，在折射大运河变迁轨迹的同时，充分展现出这些人物与大运河的密切关系，以及对大运河的变迁所发挥的作用。

青少年是国家的未来和民族的希望，肩负着实现中华民族伟大复兴、建设社会主义现代化强国的历史重任。近年来，南京出版传媒集团（南京出版社）先后推出了“抵御外侮——中华英豪传奇”“抗战十四年·中华儿女传奇”等多套青少年读物，在培养青少年爱国主义精神、培育和践行社会主义核心价值观等方面，起到了十分积极的作用。衷心希望“大运河人物故事”丛书能成为广大青少年认识和了解大运河历史文化的良师益友，在深化他们对大运河文化内涵认知的同时，展现中华民族的聪明才智和中华文明的灿烂辉煌，为他们的健康成长树立文化自信，使之成为将来建设国家的栋梁之材。

张廷皓

（作者系中国文物学会大运河专业委员会主任委员、中国文化遗产研究院原院长）

# 目　录

# 引 言

史弥坚，字固叔，号沧洲，明州鄞县（今浙江省宁波市鄞州区）人，生于南宋乾道二年（1166）五月初二日，出身南宋时期著名的四明史氏家族，其父史浩、其兄史弥远、其从侄史嵩之先后拜相，对南宋历史的发展具有重要影响。相比父、兄、侄三人，史弥坚的生平事迹在正史中所载甚少，其生前官位也止于端明殿学士、光禄大夫，远不及前者煊赫。然而史弥坚绝非庸碌的世家子弟，在其兄史弥远拜相之前，他已历任两浙路转运干官、衢州通判、摄礼部侍郎、枢密院检详、两浙路转运副使、知临安府等职差，在襄助兄长诛杀权臣韩侂胄后又除任权兵部侍郎。嘉定元年（1208）史弥远拜相后，史弥坚为避嫌而外任知潭州兼湖南安抚使，在任上参与了“峒寇”罗世传之乱的平定。嘉定六年（1213）九月二十八日，史弥坚以宝文阁待制改知镇江府，自此至嘉定八年（1215）九月五日除宝谟阁直学士，依所乞宫观归乡。史弥坚主政镇江府将近三年，就是这短短的三年，成了他在历史长河中留迹最多的一段岁月；也正是这短短两年里的卓然成就，让今天的我们得以从“大运河人物故事”的角度，为家族煊赫掩其光芒的四明史沧洲先生立一小传。卸任镇江府后，史弥坚又在知建宁府的两年时光里留下了被当时理学名臣真德秀作记传颂的政绩，也由此为他的官场生涯画上了句号。此后史弥坚一直逍遥于故园，“不知春秋之代序”，直到绍定五年（1232）闰九月初八日逝世，诏赠开府仪同三司。端平元年（1234），宋理宗赵昀感怀史弥坚功绩风采，特赠其资政殿大学士，赐谥忠宣，与范仲淹之子、宰相范纯仁同谥。

史弥坚在历史记载中并不是一位十分突出的人物，不仅《宋史》无传、史料零星，即使在四明史氏家族画像的像赞中也很难发掘出更多的信息，似乎一门二王三相的四明史氏已无须彰显一位长期徘徊地方的忠宣公来标榜自己的门楣。但在与庆元府（明州）相隔近千里的镇江府，史弥坚却是一位功标史册、留迹至今的重要人物。他在镇江府短短三年的任期内，疏浚了穿城而过、水道入江的江南运河（漕渠），重整了控制江运交汇的京口澳闸系统，并重建闸兵队伍，营造闸兵寨屋，专司京口澳闸运转，畅通了大运河船只出江入运的航行孔道，奠定了镇江“天下津梁”的交通枢纽地位。开凿了甘露港、北固浦、海鲜河等沿江港浦，优化了江运交汇的水路交通，也为军民船只提供了停泊的港湾，塑造了后世镇江港的雏形。增筑了江运交汇仓储运输的关键节点转般仓，通过新构建的江运交汇口水系优化了其运输和安保条件，有力保障了朝廷的漕粮转运。沿江南运河砌筑纤道，自运河入江口穿过镇江府城直达丹阳县境，并修整、重建了府城内跨运河的各大桥梁，提升了江运交汇陆上交通体系的运转效率。沿江新筑镇江府罗城，将江运交汇的沿江水系纳入城防，同时修补府城旧城、重整城门关防，完善了江运交汇的防御和控制体系。裁汰、充实镇江府禁军，更新禁军武备，重辟禁军营房、教场，并亲自在府治后定期检查禁军训练情况，奖励其中的优异者，重振了镇守江运交汇之地的本地防卫力量。在镇江府城和府城西门外的江口镇创置“戢奸弥暴”的巡铺二十八所，构建了维护江运交汇繁华都市一方平安的治安体系。此外，史弥坚在府治西南大运河边所建新楼——喜雨楼也成为一时名胜，当时诗人戴复古所作《京口喜雨楼落成呈史固叔侍郎》一诗流传至今。

在“嘉定和议”屈辱求和的时代氛围之中，史弥坚这位主持和议者的亲兄弟，用短短三年时间，全面重整了镇守江运交汇的镇江府这处国门关键的交通、防务和控制体系，不仅为两年后金国“取偿于宋”南侵战争中的军事防御做好了准备，也奠定了中国唯一一座既控扼长江又锁钥运河的都市在传统社会中的空间格局。直到今天，我们仍然可以在北固山上看见史弥坚所筑沿江罗城的遗迹（2017年考古调查发现），也可以在镇江城中目睹史弥坚所开甘露新港的遗存（2020年考古发掘揭示）。而“京口画楼三百所，第一新楼名喜雨”的喜雨楼虽已消失在历代战火之中，但因其而生的“第一楼街”之名却陪伴了一代又一代镇江人的生命轮回。任何一个了解史弥坚在镇江治绩的人，都会意识到“判牍神敏”和“不党”（《延祐四明志》）这样的历史评价对于史弥坚来说是远远不够的。史弥坚与镇江虽然只有一任知府的缘分，但这座城市独一无二的地理位置给予了他影响历史、留迹人间的舞台。而他对镇江这座江运交汇都市的建设和治理，也让我们能够更好地透视古代中国城市聚落如何同时与大运河和长江互动相生的历史事实。

# 第一章　名门家风砺干才

## 君子之始在家风

史弥坚像（鄞州区档案馆藏）

史弥坚出身于南宋时著名的四明（鄞县）史氏家族，其曾祖父史诏以孝行著称当世，受宋徽宗赐“八行高士”之号。其父史浩为宋孝宗帝师，官拜尚书右仆射、同中书门下平章事兼枢密使，即当朝宰相，曾在任上为岳飞平反昭雪，晚年晋位太师，以八十九岁高龄逝世，追封会稽郡王（宋宁宗嘉定十四年追封史浩为越王，改谥忠定，配享孝宗庙庭，故后世亦称其为越忠定王）。史弥坚是史浩第四子，生于宋孝宗乾道二年五月初二日。其兄史弥远长其二岁，生于孝宗隆兴二年（1164）正月二十九日。从隆兴到乾道，当时最大的事件就是宋金“隆兴和议”的签订生效。

时间回溯到宋高宗绍兴三十一年（1161），此时的南宋政权经历了“绍兴和议”后的和平时期，已逐渐稳定下来，但金国皇帝完颜亮却在此时撕毁了和议，试图一统天下，扬言“屯兵百万西湖上，立马吴山第一峰”。

**小贴士：绍兴和议**

南宋绍兴十一年（1141）宋朝与金朝达成的和约，内容是宋朝向金朝称臣，金朝册封宋主赵构为皇帝，双方东线以淮河为界，西线以大散关为界，宋朝每年向金朝纳银二十五万两、绢二十五万匹。“绍兴和议”结束了宋金之间十余年的战争状态，形成了南北对峙的局面。

完颜亮亲自指挥金兵分四路南侵，不料从弟完颜雍趁机在辽阳称帝，其主力又在采石矶被宋将虞允文大败，金军因而哗变，完颜亮被杀，南征就此失败。采石矶之战取胜后次年（1162），宋高宗赵构传位于皇太子赵昚，史称宋孝宗。赵昚即位后改元隆兴，想要趁胜利之势收复河山。他先为岳飞平反，又起用主战派老臣张浚主持北伐。

隆兴元年（1163），宋军兵分两路渡淮伐金，起初也收复了一些淮北城镇，然而当金兵主力赶到后又被大败于符离，“隆兴北伐”就此失败。次年，金主完颜雍派大军渡过淮河，逼迫宋廷重订和约。宋廷经过激烈的朝堂争论，最终由主和派取胜，以魏杞为“通问使”携国书赴金，与金国重新订立和约。金、宋之主改君臣相称为叔侄相称，宋所纳银、绢由“岁贡”改称“岁币”，双方疆界分野仍以“绍兴和议”为准，是为“隆兴和议”。

北伐的失利与和议的签订，伴随着史弥远、史弥坚兄弟的相继出生，也将在未来再次成为他们人生之路上的重要关口。

史浩像（鄞州区档案馆藏）

史弥坚幼时就聪慧过人，却并不热衷玩耍嬉戏，这与其父史浩的家风不无关联。史浩自己的服饰用度比较俭朴，对待子侄如同严师一般。等史弥坚与史弥远到了总角之龄相继入塾读书时，他们也吃着与平民人家一样粗粝的饭菜。史浩常常将儿子们带在身边，随时用古圣今贤的高尚言行来教育他们，有时候会突然发问，小史弥坚总能立刻对答。这样的家风，在四明史氏世传《忠定王家训》“教子弟”一篇中也可以得到印证：

> 子弟未就外传（家中子弟没有出去上学之前），蒙养先在家庭（最初的教养应在家庭里完成）……凡遇古人嘉言善行（凡是在书中见到古人好的言行），谆谆劝勉（就反复鼓励家中子弟向其看齐）；逆德悖行（见到背离道德的言行），时时警诫（就经常告诫家中子弟不可效法）。日积月累，耳目既熟（听得多、见得多了），则心胸自开（那么正气自然会增长）……饮食则教以节俭，衣服则教以朴素，步履则教以端庄，言笑则教以敬慎（言语要教会恭敬谨慎）……庭训既端（家教端正了），出而就传（出去上学），自然读书明理，造就无难（不难成才）。

在家门教养和师门传习之下，还没到弱冠之龄的史弥坚已经博闻强识、文笔流畅了，他的机敏思维和端庄仪态常常令师友们忽略了他尚且年幼的事实。史浩家中经常往来的客人有不少是像陆游、吕祖俭、孙应时这样的当时名士，史弥坚与他们交接应对时耳濡目染，在学识和为人方面也受益良多，逐渐养成了待人诚厚、不设心计的性格，但如果别人对其有所欺瞒，史弥坚虽不声张却也心知肚明。他言语周详，气色平和，对所有人都是一样的态度，就连奸徒小人也不敢在史弥坚面前冒出谗言恶语；但如果他人说话在理，史弥坚又总能当面赞赏并自叹不如。每当夏天暑热的时候，大家都汗流浃背，恨不得每日薄衣短衫、赤脚着屐，但史弥坚依然保持衣冠不乱、鞋袜整洁。这些从父亲史浩传下来的家门规矩，史弥坚从童蒙之年一直坚

宁波市鄞州区东钱湖镇下水西村史浩故里（高逸凡 摄）

持到老。

淳熙九年（1182），十六岁的史弥坚因宰相之子恩荫授正八品散官承事郎，并在吏部的铨选考试中取得头名，授差监绍兴府支盐仓，正式踏入仕途。这一年，饱受主和派排挤而罢官的辛弃疾归隐“醉里吴音相媚好”的上饶带湖，在落寞忧愤之中留下一阕悠游林下的《水调歌头·盟鸥》：

带湖吾甚爱，千丈翠奁开。先生杖屦无事，一日走千回。凡我同盟鸥鹭，今日既盟之后，来往莫相猜。白鹤在何处？尝试与偕来。

破青萍，排翠藻，立苍苔。窥鱼笑汝痴计，不解举吾杯。废沼荒丘畴昔，明月清风此夜，人世几欢哀？东岸绿阴少，杨柳更须栽。

南宋一朝，归隐田园往往是有为之士难以避免的结局，韩世忠如此，辛弃疾亦如此。当史弥坚踌躇满志地踏上仕途之时，他大概不会想到稼轩居士泛舟湖山、举杯窥鱼的“明月清风此夜”，也将成为他寄托一生的归途。

# 初登仕途多磨砺

淳熙十二年（1185），史弥坚又增添了两浙路转运使司干官的差遣。转运使司的本职是主管一路（相当于今天的省）的财政赋税，通过水陆交通路线征收解运，供给朝廷和军队开支，因此又称为“漕司”。两浙路以钱塘江分东西，西路包括镇江、常州、平江（今苏州）、嘉兴、湖州、临安、严州（今淳安、建德、桐庐一带）四府三州之地，东路包括绍兴、明州（今宁波）、台州、温州、婺州（今金华）、处州（今丽水）、衢州一府六州之地，是拱卫南宋行在（朝廷驻地）临安府的“京畿要地”。

**小贴士：干官**

南宋时期负责签办公事、处理文书的基层办事官员，又称“干办公事”“干办”，北宋时期称作“勾当公事”。

从临安出发，两浙东西各有一条运河水道，东路的浙东运河东抵明州通大海，西路的江南运河北达镇江入

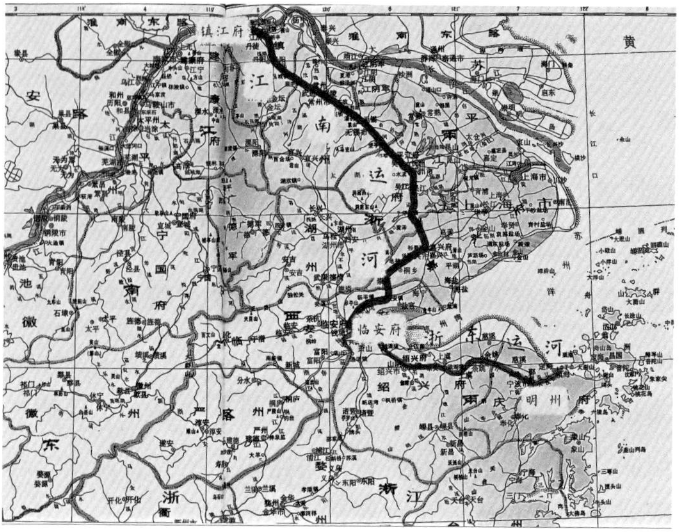


江南运河与浙东运河（《中国历史地图集》）

大江，是两浙漕运的主干道，也是中国大运河最重要的组成部分之一，至今仍然承担着不可替代的航运功能。在两浙路转运使司工作期间，史弥坚谨慎小心，认真负责，时时留心观察学习，对朝廷漕运的运行和江南运河的维护建立起了初步认识，这为他后来在镇江府治理江运交汇奠定了实务基础。

淳熙十六年（1189）的一天，一向处事从容的史浩退朝回家后却一直面有忧色，陪在一旁的史弥坚看在眼里，就主动询问父亲是否有事为难。史浩本不想与初入仕途的儿子多说朝中之事，但心中忧虑实在无从排解，索性与他道出烦恼之由。原来皇帝（宋孝宗赵昚）觉得太子赵惇的太子妃李氏太过凶悍好妒，想要废黜她。但李氏为赵惇所生的嫡子赵扩（后来的宋宁宗）此时已被封为嘉王，轻易废除太子妃会动摇太子的地位，威胁将来皇位的平稳继承。史浩想要劝谏皇帝，却始终想不出合适的方式。

史弥坚听到这里，马上理清了思路，对父亲说道：“儿子窃以为嘉王是得到官家（皇帝）的认可才受封的，今后一定会继承大统。而人世间母子伦常无法改变，到时候嘉王还是要尊李妃为太后，如今废黜她只会徒增将来的麻烦。儿子认为应该谴责那些暗地里怂恿官家这么做的人，不知父亲意下如何？”

听到这番话，史浩十分吃惊，眼前这个初出茅庐的小伙子不仅一下就辨析了长远利害，居然还把官家从谏如流的台阶给找好了。“就是这个办法！”史浩对儿子的回答显然非常满意。

第二天，史浩入宫面见皇帝，依史弥坚所言，果然让赵昚放弃了废太子妃的想法。赵昚也很好奇，笑问史浩道：“史卿昨日听闻此事后直到退班时还满面愁容，今天怎么一见面就冒出这番说辞？”

史浩见瞒不过，只好回答说，是回家后儿子史弥坚不知天高地厚提出的建议。一看有这样的人才，天子岂能错过？于是赵昚故意问道：“史卿这位四郎如此优秀，应该已经有结婚对象了吧？”

史浩一听就明白了，官家这是要赐婚啊！他马上回答道：“臣的犬子年纪轻轻，连学问都还没弄懂，整天胡言乱语，哪敢拿出去和别人谈婚论嫁呀！”

赵昚见此，便大方地说道：“朕的堂兄有个女儿如今待字闺中，好像和卿家的这位四郎年纪相仿，朕就作主了，把她许配给你家四郎吧！”这样一来，史弥坚的婚姻大事就由宋孝宗赵昚亲自定下，在二十三岁这一年迎娶了孝宗堂兄赵伯圭的女儿赵师昭。也是在这一年，太子赵惇受内禅即位，以次年为绍熙元年（1190），南宋进入第三位皇帝光宗的时代。

绍熙元年，史弥坚的差遣改为浙东安抚司干官，他由此开始接触军事防务和社会治安事务，个人才干又得到了进一步锻炼。然而正当史弥坚的人生之路逐渐步入正轨时，亲人的离别却接踵而来。就在这一年，史弥坚的生母陆氏去世，母子情深，令人悲不自胜。此时史浩年事已高，史弥坚为了不让父亲触景伤心，在面对父亲时总是强忍悲痛，言谈如常，等到离开父亲后才敢放纵哀思，潸然泪下。

**小贴士：安抚司**

宋代官署名，北宋置于河北、河东等地，掌管北部边境的军事和通使事务。南宋时各路（类似现代的省）皆设安抚司，掌管本路的军务和治安事务，其长官称为安抚使、安抚大使或主管安抚司公事，以重要州、府的知州、知府兼任。

宁波市海曙区月湖公园史浩故居（高逸凡 摄）

绍熙四年（1193），史浩病重，收到消息的史弥坚一刻也待不住，放弃就在眼前的升迁前途，当即辞官赶回鄞县家中，日夜侍奉在父亲病榻之前。次年，史浩在家中寿终正寝，享年八十九岁。他一生辅佐三代帝王，德高望重，被朝廷追封为会稽郡王。

史弥坚对此虽早有心理准备，却仍然因为过度哀痛而瘦脱了形。在丧期结束之后，史弥坚依然吃着粗茶淡饭，就像年少读书时一般，仿佛只有这样，才能让他感到当年那个每天对自己耳提面命的父亲仍在身边。父母的离去让史弥坚失去了内心深处的依靠，但慈母严父的悉心培养，从此将在这位孝子独立前行的人生前路上开花结果。四明史氏的百年家声，也将由他在这风波难平的时代里坚守传承下去。

# 第二章　朝局风雨见峥嵘

## 历职部院崭头角

宋宁宗庆元二年（1196），刚刚为父亲服完丧的史弥坚就添了通判衢州的差遣。到任之后，史弥坚一有机会就同当地的饱学之士畅谈阔论，从他们的言谈中侧面了解当地社会的情形。在进一步察访中他发现，衢州衙门里的吏员非常奸猾，经常私下挑动当地富户子弟内斗争夺，坐等官司上门，再两边收受好处，许诺帮忙打赢官司，不断从中渔利。

这一天，衢州城里又有一户姓刘的有钱人家叔侄二人争夺家产，到公堂上闹得不可开交，知州把这个棘手的案子交给史弥坚来办理。史弥坚升堂后也不多问，直接把与原告、被告分别对接的衙门吏员喊了上来，大声斥责道："把别人的家务事闹到公堂上来扯皮，都是你们这种人干的好事！"吏员们没想到会被通判当场拆穿，惊慌之下一五一十地交代了事情原委，当事双方这下终于弄清了起因经过，一场诉讼就此平息。

**小贴士：通判、吏员**

通判是宋代与知州一同治理一州事务的地方官差遣，具体掌管兵民、钱谷、户口、赋役、狱讼审理、筹办钱粮等事务。吏员是古代地方衙门里承办具体事务的基层职员，宋代的吏员已不是正式的官员，地位较为低下。

第一次出任地方主官的史弥坚凭借自己过人的才识，在衢州干得政绩斐然、声名鹊起，就连退居衢州的前宰相余端礼和前待制（皇帝身边的侍从官，又称“待诏”）刘颖都纷纷上书向朝廷推荐他。于是朝廷下旨赐予史弥坚职事官，从庆元六年（1200）到嘉泰二年（1204），史弥坚的官职从籍田令升到了太府丞（正八品）。两年后，因为一次上奏汇报让皇帝觉得非常满意，皇帝当面将即将去高邮军赴任的史弥坚改为留在朝中任用，并升其为大宗正丞（从七品），已届不惑之年的史弥坚由此开始步入波谲云诡的南宋朝堂。

开禧元年（1205），史弥坚兼官户部右曹郎，这是朝廷中枢直接负责具体社会管理事务的职位，这段经历为他后来在地方官任上的大展拳脚积累了丰富经验。能者往往多劳，史弥坚很快又代理了礼部侍郎的职务。他与朝廷中门庭若市的当权者从不私下交往，在朝堂之上也只是谨慎从容地一心做好自己的分内之事。面对繁多的事务和重大的责任，史弥坚交出了让朝廷上下都满意的答卷，大家都认为他是一个在每个职位上都能把事情处理得井井有条之人。

**小贴士：职事官、户部右曹郎**

职事官在宋神宗改制后指正式的官位，与作为临时职务的“差遣”相区别，有相应的月俸钱。户部右曹郎就是宋神宗元丰改制后设置的职事官之一，掌管常平（仓）、免役、保甲、义仓、振济、农田水利、坊场河渡等事务。

在朝中展现了能力之后，史弥坚的正官也升为枢密院检详，又兼枢密院承旨司的职事，这是在国防中枢掌管机要文书往来和内部事务管理的关键职位。对史弥坚

杭州南宋皇城和宁门外枢密院旧址（高逸凡 摄）

来说，从未涉足过的军事防务工作无疑是人生中的重大挑战，他一介文人能否担得起这个责任呢？

来到枢密院任职的史弥坚，很快就发现了这里日常工作的一大弊端：枢密院上下的文书往来，居然全都是由吏员用小纸片拟定，都承旨、检详官这些主管文书机要的官员反而没什么对行文进行改动的空间，往往只是照录签发而已。负有监察之责的检详官史弥坚对枢密院同僚正色道：“枢密院是国防中枢，朝廷中比这里更重要的地方有几个？这里的文书往来事关国家生死，怎么能全交给只懂雕琢文字的吏员去拟定呢？这样还要我们这些掌管文书机要的官员干什么？”在取得同僚认同后，史弥坚立刻向朝廷陈奏此事，终于促使朝廷下令废除了吏员拟定文书的弊政。自此之后枢密院行文全都由相应官员自行拟定斟酌，实实在在地让他们负起了责任，极大地提升了枢密院的工作质量。

在自己擅长的领域改革了枢密院的制度之后，史弥坚并没有就此止步，他通过大量的日常工作开始了解当时的军人群体，逐渐认识到该如何与军队相处。按制度，殿前司禁军要轮班去边境戍守。有一次皇帝下旨命史弥坚去检阅即将戍边的殿前司禁军，裁汰其中不能胜任的羸弱兵将。史弥坚接到旨意后暗自思忖："这些殿前司禁军平时都是扈卫御前，光鲜骄悍，现在我去裁汰他们的消息要是被知道了，保不齐要闹出什么乱子，得想个既能够观察所有兵将，又不会引起他们疑心的办法。"

南宋禁军形象（《中兴瑞应图》，上海龙美术馆藏）

临行前，史弥坚

想到了对策，他向朝廷请得旨意为戍边的殿前司禁军举行犒赏，这是行伍之人最喜闻乐见的事情之一。到了校场，禁军兵将们果然早早地全数到齐，等待史弥坚分发犒赏之物。于是史弥坚就按着禁军名册点名，让兵将们一个个上前领赏，借此机会观察他们的体格、步履、衣甲和精神面貌，找出其中的羸弱散漫者，趁着在名册上勾画时做好记号。这样一来，殿前司禁军兵将们高高兴兴地领完犒赏，却没人知道他们已经接受了史弥坚的一轮“面试”。回去之后，史弥坚就按做好的记号拟定遣散名单，由殿前司择日直接公布，圆满地完成了朝廷交办的任务，将真正的精兵强将派往国防前线。

### 小贴士：殿前司

殿前司是宋代中央禁军的统领机构之一，与侍卫亲军马军都指挥使司、侍卫亲军步军都指挥使司合称“三衙”，其长官殿前都指挥使又称为“殿帅”。南宋时期殿前司禁军成为驻扎在临安府的禁军中最为强大的一支，至宋孝宗乾道年间定额，辖十一军七万三千人。

当时在朝中当权的是韩侂胄，他对宋宁宗赵扩有政变拥立之功，后来靠着权谋党争一路升迁，到开禧元年（1205）已任平章军国事（旧称“平章军国重事”，南宋时期朝廷中地位最高的实职官位），位列宰相之上，权倾朝野。韩侂胄是个想要通过北伐建立不世之功的主战派，当他听说了史弥坚检阅殿前司戍边禁军的事情后，对史弥坚的才干十分欣赏，想要在军事方面委以重任，让其成为北伐的助力。

然而史弥坚对韩侂胄独断专权、打击异己、实行党禁的作为非常反感，也深知此人热心北伐的真实目的并非只是收复河山，更多的是想要通过建立不世功勋进一步攫取权力，以满足个人野心，因此并不愿与之为伍。而且，正在枢密院任职的史弥坚非常清楚当时南宋朝廷的真正军事实力：军队里，无论是良将、骑兵还是粮草都很不充足，险要之处的城寨工事也荒废已久。四十年的和平岁月已经严重消磨了南宋的战争能力，如果不经充分准备就贸然北伐，很有可能会重蹈四十年前“隆兴北伐”先胜后败的覆辙。为此，史弥坚亲手誊录了父亲史浩当年劝谏孝宗皇帝的《论未可北伐》一文作为回复送给韩侂胄，拒绝了他的拉拢。韩侂胄向来党同伐异，

跨江南运河的杭州拱宸桥（高逸凡 摄）

岂能容忍有人如此不顺从自己这个一人之下、万人之上的平章军国事？他就此将史弥坚划入政敌之列，动用权力将其赶出中央，贬到了江西九江。

没过多久，宁宗皇帝就发现经常在奏报中出现的史弥坚不见了，于是他询问参知政事兼同知枢密院事钱象祖：“卿可知枢密院检详史固叔到哪里去了？”钱象祖见无法隐瞒，只好托词说史弥坚工作有失误，被韩平章相公贬到江南西路（江西）去了。

皇帝一听，心中已明白了八九分，但并不点破。他想了一想，对钱象祖说：“人谁无过，史固叔人才难得，不可荒废，可就地擢为江南西路转运使司判官（在转运使司地位仅次于转运使、转运副使的佐官，简称运判）。”皇帝的过问，把史弥坚从逆境中解救了出来，次年（开禧二年，1206），史弥坚又改任两浙路转运使司判官，回到了自己二十年前曾经任差的老地方。

转运使司是朝廷经济运行的保障，而两浙路又是南宋朝廷实际上的畿辅要地，所以两浙路转运使司的日常事务向来最为繁重。但早年在此认真工作过的史弥坚对漕运之事本就不陌生，再加上地方、中央不同职能部门多年的历练，使他能够维持好治下江南运河繁忙的运转。相较于二十年前的基层工作，运判的位置也让史弥坚看到了制约两浙漕运效率的更多关键节点问题，数年后他对镇江府“江运交汇”系统大刀阔斧的改造与这段工作经历应当不无关联。

## 襄助兄长诛权臣

这一年，韩侂胄在各方面准备并不充分的情况下强行压制反对意见，贸然发动了“开禧北伐”。宋军多路出击，初期也收复了一些城池，其中镇江副都统制毕再

金军重骑兵形象（《中兴瑞应图》，上海龙美术馆藏）

遇攻克泗州的首战告捷尤令上下振奋。然而金朝对宋军的出兵早有情报预知，很快各路宋军就开始遭遇金军的反击而连连失利，不久之后双方就攻守易势。金军攻城略地，兵锋直逼长江北岸。此时南宋四川宣抚副使、陕西河东路招抚使吴曦又叛宋自立，与金人暗通款曲，战争形势急转直下。韩侂胄一方面拿出二十万贯家财以助军资，另一方面却密令前线主帅派人赴金营与金人接触，筹谋议和之事，想要推脱北伐失败之责。

开禧三年（1207），闻知吴曦已被蜀中军民诛杀的韩侂胄趁机派出使臣与金朝谈判，然而金朝方面提出的条件竟有“缚送首议用兵之臣”一条，就是要把他送给金人治罪。韩侂胄得知后大怒，决意不惜国力也要整兵与金人死战。一时间，安定了四十年的半壁江山从锐意北伐的雄心勃勃，再一次进入山河破碎、人心惶惶的风雨飘摇之中。

这一年，史弥坚的职事官升为太府卿（从四品的太府主官，掌管国家府库钱谷的保管和出纳），兼知临安府，开始承担起朝廷心腹之地的治理之责。而史弥坚的兄长史弥远，此时兼着礼部侍郎和刑部侍郎，同时兼任为皇子讲学的资善堂翊善。面对金兵很有可能再次渡江南侵的危急形势，史弥远试图通过诛杀韩侂胄来为议和扫清障碍，于是他托皇子荣王赵曮秘密向皇帝进言。皇后杨氏也从中力劝，终于使宁宗皇帝下了罢免韩侂胄的密旨，并令主管殿前司的夏震率兵三百防护宫掖，以防“威行宫省，权震宇内”的韩侂胄狗急跳墙。

**小贴士：荣王赵曮**

赵曮初名赵与愿，是燕懿王赵德昭八世孙赵希怿之子，宋太祖赵匡胤十世孙。六岁时被宋宁宗赵扩收为养子，庆元六年（1200）被赐名赵曮，开禧元年封荣王，开禧三年被立为皇太子，更名赵帱。嘉定二年（1209）册封典礼后又更名赵询，嘉定十三年（1220）八月去世，谥号“景献太子”。

史弥远得旨后一面告知参知政事（宋代的副相，职权与宰相相仿）钱象祖、李壁，一面与兄弟史弥坚谋划：以韩侂胄的滔天权势，当面宣谕免官不仅难以达到目的，很可能还会激起内乱，危急朝廷中枢，只有趁其不备先行诛杀，才能降伏其党羽，剪除乱源。史弥坚闻得兄长密谋，感觉事情已经到了箭在弦上不得不发的地步，此时如果消息稍有走漏，则上至官家，下至史氏都会遭到韩侂胄的清算。于是兄弟二人商定，由史弥远与夏震率禁军在上朝途中袭捕韩侂胄，将其带至人迹罕至

杭州洋泮桥侧的南宋玉津园旧址（高逸凡 摄）

的玉津园诛杀。兼知临安府的史弥坚则负责弹压现场、封锁消息，以防韩侂胄党羽生变。回到临安府衙，史弥坚不动声色，私下找来心腹周密布置，不让外人看出一丝异样。

第二天，上朝途中的韩侂胄被突然出现的夏震大声喝止，还没反应过来就被殿前司禁军抓捕带走，而他的随从也全都被当场控制，他们这才发现，此时周围居然一个路人都看不到了。紧接着，韩侂胄就被押至玉津园伏诛，整个过程在临安府没有激起一丝波澜。

韩侂胄死后，其党羽也被朝廷清算，宁宗皇帝立荣王为太子，以史弥远兼太子詹事（掌管太子家事的官职），遣使与金人求和。在得到韩侂胄死讯后，金朝最终同意议和。宋嘉定元年（1208），韩侂胄及其心腹苏师旦的首级被函送至金，金宋和约得以重立，双方约为伯（金）侄（宋）之国，恢复战前疆界。宋增岁币银、绢各三十万匹，另给犒军银三百万两，史称“嘉定和议”。

四十多年前“隆兴和议”的成立伴随着史弥远、史弥坚兄弟的相继出生，而四十多年后兄弟二人又成为推动“嘉定和议”成立的关键人物。历史有其复杂性，在

史弥远像（鄞州区档案馆藏）

具体的环境和事态中，很难用简单的忠奸善恶来评价每个人的选择。正如宋宁宗赵扩在得知韩侂胄死讯后所说：“恢复（河山）岂非美事？但不量力尔。”对于当时的南宋朝廷来说，史弥远对内定计除掉了权臣，对外求和保住了江山，其功不可谓不大，于是论功行赏，拜其为右丞相兼枢密使兼太子少傅，晋爵开国公（宋代十二等封爵中的第六等），四明史氏自史浩之后又出一位宰相。

自此之后，史弥远的势力日渐增长，踏上了独秉朝政二十余年的权力之路；而史弥坚却因兄长的煊赫而离朝远避，在江湖之远留下属于自己的人间事迹。

# 第三章　湖南平乱试韬略

史弥坚襄助兄长史弥远诛杀韩侂胄之事做得极为隐秘，朝中几乎没有人知道他参与其中，但事后宁宗皇帝在封赏旨意中还是肯定了他“荐经烦使，宣劳居多”，擢其为权兵部侍郎，使其重归朝堂。然而史弥坚眼见兄长已得圣眷，权势日隆，深感自己如果继续立于朝堂之上，会给朝野上下带来兄弟二人联手把持朝政的不良印象，那样的话对兄长辅佐官家治理国家和维护家族声名来说都并非益事，于是他自请外调到地方任职。

嘉定元年，朝廷授史弥坚集英殿修撰（正六品贴职，用以尊宠补任外官的六部权尚书或侍郎）、知隆兴府（治今江西南昌），后改知潭州（治今湖南长沙）、兼湖南（荆湖南路）安抚使。临行之前，宁宗皇帝将史弥坚宣至御前，当面勉励道：“史卿在临安府和两浙漕司任上辛苦了，做得非常好，但长沙（潭州古称）也是责任深重的一方大郡，暂时要烦劳卿去镇抚了。”

南宋时期的湖南并不是乐土，那里前有钟相、杨幺起义，后有贺潮、李金起义，瑶汉相杂，最为难治。且湖南地处南宋荆襄防线腹地，此地不宁则荆襄不固，荆襄不固则两淮、川陕首尾不能相顾，整个国家的国防体系就会动摇，所以驻地潭州的湖南安抚使责任重大，皇帝若不是对史弥坚的忠诚和才干有充分认可，绝不会作此任命。见官家如此信任，史弥坚大为感动，深深拜伏领命。这时，宁宗皇帝命人取出一条贵重的通犀带赐给史弥坚，以示天子荣宠。史弥坚郑重接过，就此开启了他为国家安定四方的人生新路。

## 整饬驻军严进讨

踏上赴任之途的史弥坚从临安上船，沿着江南运河一路北上，他没有像近来大多数船只那样取道江阴进入长江去冒风涛之险，而是选择走传统的镇江府运河口门出江。舟行镇江府境内时，他看到了在丘陵山地间为运河船只拉纤的艰辛，也看到了运河入江水道淤积严重对船只通行的阻碍：江南运河主要的通江口门京口闸已多年不开，不想排队走新河小闸的人只能舍舟登岸到江边的西津渡换乘江船。这些现实景象解开了他之前在两浙路转运使司工作时对江南运河运转效率的很多疑惑。

正当史弥坚想要思考解决之道以备日后奏报朝廷时，从上江突然传来一个消息：湖南郴州瑶民首领罗世传在桂阳黑风峒起兵造反了！驻扎潭州的飞虎军前往镇压却被其击败，飞虎军统制边宁战死，罗世传的兵锋已达衡阳境内。还未到任，自己的治下就已生变，此番就任湖南安抚使竟像在长江之上逆水行舟般危机四伏。

接到这个消息，史弥坚除了日夜兼程地赶路外，还派出心腹乘快船先行前往湖南，多方打探情报。官船到达岳阳时，等候在此的心腹向史弥坚报告了最新情况：

**小贴士：润州新河**

润州新河是北宋天圣七年（1029）润州（后升为镇江府）地方官主持开凿的江南运河入江新水道，在原入江水道京口港东侧，南北走向，可引长江潮水补充运河，又称“新港”，后与京口港并称大、小京口。如今的小京口是镇江城区古运河唯一的通江口，其东岸的新河街是全国重点文物保护单位——京杭大运河的组成部分。

由于官军初战失利，敌人士气大振，各地多有起兵响应者，敌军攻城略地，已惊扰湖南、江西两路军民。史弥坚意识到，此时如果不重振官军士气，迎头打击敌人快速发展的势头，那整个国家的中部腹地都将为之动荡。于是他催促船只直入湘江，星夜赶往潭州。

到达潭州后，史弥坚没有先去州治所在的子城，而是直趋飞虎军驻地，验明安抚使身份，集合人马，检阅军容。一番检阅汇报之后，史弥坚大致了解了自己掌握的这支驻军的现状：飞虎军虽然刚刚吃了败仗，统制官也战死，但这支从镇江府移防而来的御前诸军（南宋

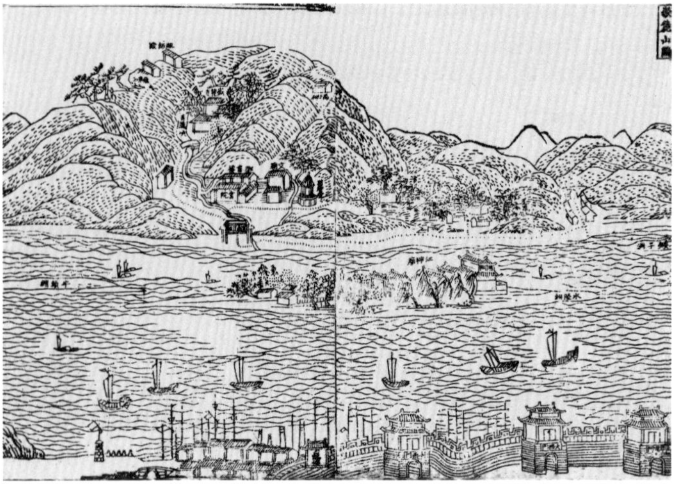

潭州名胜岳麓山（《乾隆长沙府志》）

时期驻扎在战略要地的朝廷正规军）长期在江防一线镇守，战斗力、组织度和装备的精良程度都远非地方禁军可比，因此在主将战死之后居然能够凭借坚甲利弩有序撤回潭州。一千七百多人的队伍本身并无太大损失，只是经历新败难免士气低落，回城之后不少将士整天寻欢作乐，买醉浇愁，把训练都荒废了。

摸清了眼前这支军队的情况，史弥坚马上明白了自己应该做的是什么。第二天他去潭州州治交割了公务之后，就从潭州官库中调拨了一批钱帛解往飞虎军驻地。带着钱帛来到飞虎军驻地的演武堂，史弥坚再一次集合人马，向将士们宣布："前番战事失利，是统制官边宁轻敌冒进造成的，不是将士们畏敌怯战的缘故，大家在主将身死的情况下还能够全身而退、保存战力，就说明我军战心仍在！我们的敌人连军队都算不上，他们就是一群被酷吏逼反的山民，只要我军以壮盛军容步步为营地进压，他们就无机可乘，就会为之胆寒！届时晓以朝廷安抚之意，那他们必将自缚首恶来降。为此，我军须严明军纪，整束部伍，拿出御前诸军的样子来！大家看到我身后的这些钱帛，就是朝廷对将士们在湖南为国事奔忙的犒劳，从今天起，有犯纪违令者罚，有进讨立功者赏，为国干城，就在今日！”

一番话出，原本以为朝廷会治战事失利之罪的飞虎军将士顿时倍感振奋：国家腹地生此大变，不靠我们这些正规军还能靠谁来平定呢？一时间校场上人喊马嘶，士气为之一变。看到这样的场面，史弥坚有了平定湖南的底气。于是他一边安排属吏分发犒赏，一边将众将召入堂内，开始商议进军讨伐的具体方略。

飞虎军虽强，但人数有限，为了对罗世传形成合围之势，史弥坚遣人传檄各乡，征发寨卒义勇，利用地形险要，从各个方向切断敌军流窜的通路。再派飞虎军沿湘江过衡山，正面压向罗世传本部兵马，逼迫其与飞

湖南瑶民（《皇清职贡图》，故宫博物院藏）

虎军正面决战，平乱的关键一役即将展开。就在这时，突然从江西方面转来了朝廷旨意，称罗世传已经投降朝廷，令各路兵马即刻停止进剿。史弥坚大惑不解，令人带信给江西安抚使赵希怿道：“若是贼人果真投降，那对我们湖南和江西两路军民都是好事。但我们湖南方面没有收到任何罗世传请降的消息，贼人主力到现在还在湖南境内攻城掠地，难道他们只向江西方面请降了吗？这分明是贼人分化官军围剿力量的计策啊，还望叔和（赵希怿表字）千万提防！”

赵希怿是皇太子赵憘生父，此时刚刚立下了招抚巨寇罗世传的大功，哪里听得进史弥坚的忠告，他把史弥坚的来信丢在一旁，马上下令罗世传来江西接受招安。罗世传对此果然置之不理。赵希怿又认为是湖南方面不遵朝廷旨意，仍在加紧进剿，导致贼人怀疑朝廷招安诚意，就向朝廷请旨直接命令史弥坚停止进攻。

接到旨意的史弥坚无可奈何，只好暂时停止进兵。之后枢密院命令行到，授予罗世传武官之职。史弥坚对此非常愤怒，复命枢密院道：“贼人荼毒湖南境内，人人恨不得生啖其肉，枢密院怎么能在这时授官给贼首呢？而且罗世传煽动瑶民叛乱，七甲瑶民却响应官府檄文出义兵五千余人与之苦战，战死山前者比比皆是。现在叛乱的罗世传受赏封官，支援官府的七甲瑶民却毫无封赏。七甲瑶民的兵器辎重一点不比罗世传的黑风峒少，他们的首领李元砺、李伯虎等人才略也不比罗世传差，朝廷这样厚此薄彼，恐怕会激起新的动乱啊！”然而这番陈辩并没有引起枢密院的重视，罗世传最后还是安坐在自己的黑风峒接受了朝廷的授官。

听到这个消息的七甲瑶民首领李元砺果然大为光火，他愤恨地修书一封给史弥坚：“当叛贼的人得了官，帮朝廷讨贼的人却没有封赏，我还不如去做贼首！”书信送出，李元砺就率领他的亲信李伯虎等人联合青草峒首领李尚起兵造反了，湖南形势一波未平一波又起，史弥坚不得不转而面对曾经的盟友。虽然如此，史弥坚深知自己此前一向待七甲瑶民不薄，此番李元砺等首领因为朝廷待遇不公叛变，其部下瑶民猝然之间却未必了解缘由，因此如果能迅速拿下为首之人，那局面应该还有转圜的余地。

兵贵神速，史弥坚遣部将许国率飞虎军健卒百人突入七甲瑶民大寨，一路并不杀伤，直扑首领营帐。众瑶民对这支一直并肩作战的官军衣甲十分熟悉，一时间也没有想到去阻拦。飞虎军冲入营帐，帐中李伯虎等人吓得魂飞魄散，呆在当场，被全数擒获，只有首领李元砺率人在外巡视，躲过一劫。许国不敢久留，在李元砺过来包围之前带着俘虏夺路而出，竟平安返回飞虎军营寨。李元砺经此一击，羽翼尽剪，无法再对官军后方构成重大威胁。

## 稳定局势定方略

正当史弥坚全力防备罗世传和李元砺时，从前线又传来了紧急情况：此前因为轻敌冒进被贬出飞虎军、留在转运使司听用的武官封彦明，把襄助官军作战的罗帛峒首领项庭佐抓了，说他里通贼人，这会儿已经在解来潭州的路上了。项庭佐的族人激于怨愤，在贼人的挑唆下已经起兵，准备来潭州劫走项庭佐。

史弥坚深知项庭佐也是在对抗罗世传的战斗中立过功的，有李元砺殷鉴在前，此时不管事实如何都只可安抚，不能再生变乱。于是当项庭佐一被押进潭州子城，史弥坚就亲自出接，当众砸开项庭佐身上的枷锁，宣布已为其奏请朝廷借补（战争时期为有功的平民百姓或低级军官临时补授官职）承信郎（从九品武阶官），并当场将其放回。本以为死期将至的项庭佐见此大为感动，与史弥坚涕泣作别，其族人闻讯也就安定下来，一场即将爆发的新叛乱就此消弭于无形。

罗世传虽受招安，却盘踞不出，不时骚扰州县。李元砺起兵叛宋，一方面抵抗官军，另一方面仍与罗世传相攻不止，湖南、江西两路动荡不宁，迫使南宋朝廷调动荆襄前线大军前来平定祸端。

然而面对这样的形势，江西方面仍在走招降、安抚、厚赏的老路，史弥坚不得不上疏力争道：“罗世传已经降而复叛了，这些贼首的所谓投降显然不可信。朝廷如果继续采用招降厚赏的老办法，只会让更多百姓看到与朝廷对抗的好处，导致乱局蔓延。如今朝廷大军已经到来，正当以此震慑宵小，声明朝廷只诛首恶、宽宥胁从之意，以分化敌人、争取人心。然后召集敢死善战之士，直插敌人巢穴，擒拿首恶元凶，明正典刑，这才是万全之策。在这样的压力下，或许不等官军动手，敌人内部就会动摇，等他们自己擒杀首恶，到时候朝廷再来受降也名正言顺。”在史弥坚的坚持之下，朝廷终于更换了江西安抚使，令荆襄大军步步进逼，李元砺、罗世传的活动空间不断缩小。

就在此时，湖南转运使司判官赵彦倓对史弥坚建言道："这些瑶民首领们平日里就经常相互仇杀，各峒之间的恩怨由来已久，这次李元砺先是跟随官军围剿罗世传，双方旧恨未了又添新仇，我们可以利用其积怨，派人潜入其间挑动二寇相斗，顺便离间他们与部下普通瑶民的关系，使其在大军逼近的压力之下自乱阵脚，或许可以不战而胜。"史弥坚听得此言正中下怀，就令赵彦倓依计而行。

嘉定三年（1210）十二月，罗世传部下将李元砺生擒之后交给官府。次年，罗世传被另一瑶民首领胡有功袭杀，其首级被献给朝廷。擒杀了罗、李二人，朝廷趁

湖南瑶寨（高逸凡 藏）

势宣布赦免其部下，一时间跟随罗、李二人起事的瑶、汉百姓纷纷走出山林，放下武器，这场旷日持久的动乱终告平定。史弥坚虽已于嘉定三年三月离任湖南，但此后的胜局仍与他奠定的战略基础密不可分。

在湖南平乱期间，军报每天都从前线飞驰而来，史弥坚一面处置应对，一面仍把潭州境内的公务处理得井井有条，尤其是诉讼刑狱之事，每桩案子都判得高效且公允，有力地保障了后方大本营的治安稳定。

当时能为朝廷办好收粮征税之事的地方官就已经称得上是“能吏”了，而决狱断案之事实际上超出了大多数普通地方官的能力范围。史弥坚在潭州任上删减了烦冗的诉讼文书，建立了清晰的断案流程，从司理参军（掌管诉讼、刑狱、勘验、鞫讯的州府属官）、司法参军（掌管议法断刑的州府属官）到签判（负责秘书工作的州府属官）、知州，分工明确，职责到人，一丝不苟，不仅造福于百姓，也改善了基层政府的工作氛围。时人称赞史弥坚“判牍神敏”，这绝不是仅凭个人勤政就能实现的，更有科学的制度设计为其支撑。湖南平乱是史弥坚人生之中最重要的军事实践，但对于他留在江湖之远的历史功业来说，这还只是刚刚拉开的序幕。

# 第四章　江运交汇开生面

嘉定三年三月，史弥坚自请辞去知潭州兼湖南安抚使，退隐还乡。朝廷为表彰其功绩，授予他宝文阁待制（从四品贴职）和提举江西太平兴国宫的祠禄。嘉定六年（1213），朝廷再次起用史弥坚为知太平州，他赴任途中经过临安，宁宗皇帝召其面见，又改任其为知镇江府。这样一来，史弥坚终于有机会亲自解决此前所见“江运交汇”中的各种积弊了。

**小贴士：祠禄**

祠禄是宋代的一种制度，在朝中大臣卸职后，朝廷授予其管理某处道教宫观的职务，用以显示朝廷的优待和礼遇，实际并不承担具体工作，只是凭此职务领取一份俸禄，如北宋时期司马光获授的“提举西京嵩山崇福宫”就是一种祠禄。

# 浚治运河兴澳闸

沿着江南运河北上进入镇江府，史弥坚乘坐的官船先是在过了丹阳城之后艰难地逆水行舟，穿过丹阳、丹徒之间的“云阳北岗”，又在过了丹徒镇之后缓慢地撑过水浅谷深的“丹徒夹岗”，终于在前朝诗人许浑隐居的丁卯桥下迎来了一湾山溪清流的汇入，被其送入了镇江府城东南角的南水门。江南运河从南水门进入镇江府城，在穿过城内的寿邱山、乌风岭后，可以直达府治西南的千秋桥下。

鼎石山下镇江府南水门旧址（高逸凡 摄）

史弥坚六年前赴任湖南途中就曾来过镇江府，此番进城，运河里的水似乎更浅了，船底不时擦上河底的淤土，两岸的民居市肆在“嘉定和议”六年之后似乎也增加了一些。行至范文正公所修的清风桥，拥挤的河道让官船等了好长时间才得以通过。

到了千秋桥，一行人舍舟登岸，镇江府通判和一众职官、曹官、属吏早已在桥边的万岁楼下恭候多时。万岁楼是镇江府治子城西南的角楼，依月华山地势而立，可西瞰运河、北望大江，自古就是本地名胜，前朝孟浩然和本朝释仲殊都曾在此留下诗篇。

接风宴席已在楼上摆好，众人一番寒暄后就拥着新任知府拾阶登楼。突然，从山下传来吵嚷之声，史弥坚脚步一停，身边的签判立刻迎上来解释道：“太守恕罪，这是漕渠（运河）里的船民在争道，本府常有的事，不足为怪。”

“本府漕渠为何如此拥挤？”史弥坚趁机问道。

“回太守，一则本府多山，河窄水浅；二则本府滨江，出江入渠需候潮听风，总有船只停泊漕渠之中；三则建炎（宋高宗的第一个年号）以来江沙入河日益严重，京口闸早已淤塞不开，甘露港近年也已断航，全仗新河一道通江，故而拥挤。”

“此地距离江口水路几何？”

“回郡守，旧日里从此地千秋桥行至京口闸外江口总约五里水路，如今走新河也差不多。”

“从大江入漕渠行船五里即可直达府治脚下，偏偏这段河道还嘈杂拥挤、鱼龙混杂……”此后席上觥筹交错之间，史弥坚已经开始思考主政镇江的施策方向了。

**小贴士：镇江府子城（铁瓮城）**

子城是宋代州、府城池中的小城，一般是州、府治所各官署机构所在。镇江府子城始筑于东汉末年，是江东孙氏家族经营的军事堡垒，位于长江边的北固山上，号为“京城”，民间又称“铁瓮城”，其西侧山下西浦的入江口就是最早的“京口”。建安十三年（208），孙权将治所迁至此城，在此与诸葛亮定下联刘破曹大计。次年刘备又来此向孙权讨得荆州，开启三分天下的历史。此后铁瓮城长为本地历代郡、州、府的治所，直到清朝灭亡。铁瓮城遗址现为全国重点文物保护单位。

九月二十九日，史弥坚到任的第二天，他就带上签判和随从，从北固山前峰上的府治子城出发，沿罗城（镇江府外城，唐代乾符年间镇海节度使周宝所筑，东北与子城相连）东垣南下，经青阳门望城东京岘诸山，过南水门瞰漕渠穿岗而来。行过仁和、鹤林二门，只见城南山势连绵，北上登云、还京二门，更觉城西山峰林立。直到罗城北垣之上，才看到大江之滨一马平川，只有两座小山对峙江边，漕渠的京口闸外旧道就从它们中间汇入长江，号称“小京口”的新河也在其东侧不远处通江，这里就是整条江南运河和整个江浙大地的北方门户了。

史弥坚见此不禁感叹道：“京口（镇江古称）自古就号称重镇，现在又成了国家的北门，这里的治理责任实在是既重大又急迫啊！眼下最紧要的事情有两桩，一是畅通漕运，二是巩固江防，诸位同仁都要高度重视起来才行。镇江府之所以成为江防要地，是因为漕渠从这里入江，如果漕运与长江的交汇运行不通畅，那江防的根本就会动摇。镇江‘镇’的不仅仅是这条大江，更是从这江边城下通达行在临安府的漕运水道啊！所以我等谋划镇江府的治理，应当‘先渠后江，由渠及江’。”

随行的僚属们听了这一番分析，无不深以为然。

一行人沿着罗城的土墙向东行，僚属们又向史弥坚介绍了历任知府治理漕渠的情形。在他们的指引下，史弥坚俯瞰了城北蔚为大观的转般仓，亲眼见到了这一漕粮转运枢纽的全貌，看到了城外长满芦苇的积水澳、归水澳旧迹，了解了旧日里漕渠入江水道“五闸二澳”的运行原理，最后在王昌龄送辛渐的芙蓉楼（镇江府子城西北角楼，与西南角楼万岁楼相对）前目睹了今名甘露港（古代的“港”多指江河支流，是河道的意思）的六朝古京口西浦的水道遗迹。据说哲宗绍圣年间发运司曾孝蕴曾改造北固山下的这条古浦，并于江口内建楞栳闸，以为漕渠通江间道，但现在也日渐荒废，仅存水沟一道了。

镇江府城锁钥运河、控扼大江，城处山水间，山水入城中，宋光宗朝状元陈亮称赞其“一水横陈，连岗三面，做出争雄势”。而镇江全境地势如同一只中间隆起的龟背：江南丘陵山脉自西而来，与北上的茅山丘陵在此相会，因此府境中央的丹徒县诸乡地势高昂，而江边的府城和南境的丹阳地势低下，其水脉也从丹徒中部发源，南、北分注太湖与长江，就像龟背上的纹路。古代镇江以东就是长江入海口，风高浪险，不宜渡江。而镇江以西的沿江一带则山高岭峻，难以穿越，所以古人只能利用这里低山丘陵两侧的天然河流开凿运河，从而使江南运河通达长江。“城市山林”的镇江，正是江南运河最为险要的门户。南宋朝廷偏安东南后，漕船从镇江府转运上江漕粮，也要向南翻越这里的丘陵山岗才能顺流而下，直抵行在临安府。

因此，历代朝廷、官府和地方势力都对江南运河镇江段的建设与维护极为重视：晋有陈谐开练湖为丹徒、丹阳间运河补水，唐有齐澣开伊娄河、徙漕路以便于漕船渡江，北宋有曾孝蕴兴修京口澳闸以通畅出江入运之途；至于疏浚运河，更是镇江府百姓和官府的“家常便饭”，泥沙、浅涩、洪涝，伴随着镇江的春夏秋冬。维持好运河的运转，守护好长江的险要，就是镇江这座“江运交汇”都市古今一贯的历史使命。但自建炎二年（1128）东京留守杜充决黄河阻金兵以来，黄河干流开始南下夺淮河水道入海，大量泥沙从通济渠（汴水）、山阳渎进入长江，极大地加快了长江镇（江）扬（州）段江岸的淤积，使江南运河入江水系遭到了严重破坏，镇江府城原有的三个运河通江口门只剩一个还在勉强维持运转。

初步摸清了镇江的山川形势后，史弥坚就按计划开始了对镇江运河水道的勘查。从江边的京口闸到镇江府与常州交界处的吕城堰，一共一百三十三里的水路，船行步履，穷尽水源，终于理清了这段江南运河的特殊性和问题所在：因境内地势之故，镇江府的天然河流基本都是中央山水泄流而成，至江边又受到江潮涨落的灌注，利用天然河流开凿的本段江南运河也不可免俗。因此雨季有山洪奔泻之患，旱时有水浅行舟之难，而江潮所带泥沙每天都增加着河道的淤积。“高岗夹河”“江运交汇”的镇江府运河，治理难度远非“小桥流水”的其他府州境内江南运河可比。而且江南运河从江运交汇处到镇江府城南水门这最

江运交汇小京口内利涉桥旧影（高逸凡 藏）

初的九里水路，两岸布满了民居市肆、官署公廨和宫观寺庙，河岸长年受到各种建筑的侵占，河中淤土挖出无处可堆，只能在岸边积土成坡，一遇下雨又冲回河底，因此河道日趋狭窄浅涩，很多地方河底宽度不满五丈，这样的河道自然难免拥挤混乱。

为了在维持运河水位的同时减少江潮对运河的浸灌，北宋元符年间两浙转运使司判官曾孝蕴曾在江南运河通江水道上建造了五道闸门，自内而外分别是上闸、中闸、下闸、腰闸和京口闸，形成了内高外低的四个梯级闸室，并辅以积水、归水二澳池，它们与开凿于天圣七年（1029）的润州新河一同构成了保障江运交汇航运

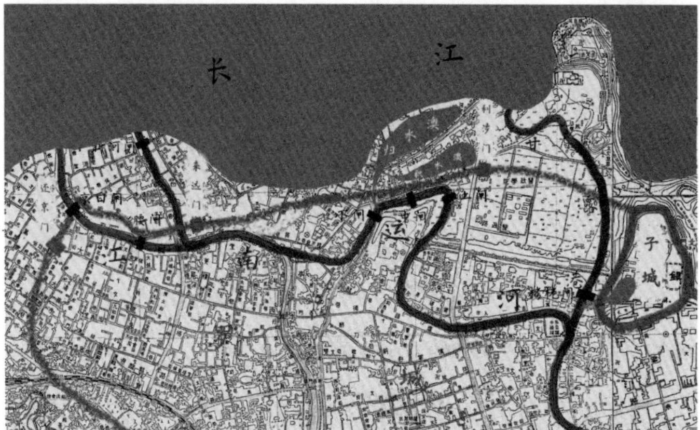


北宋时期京口澳闸示意图

的京口澳闸系统。漕船出江时，先升起上闸和中闸，漕船随水流驶入第一、二闸室；随即落闭上闸，升启归水澳进水闸门排出运河水，降低第一、二闸室水位，待下闸两侧水位平齐后升启下闸，漕船驶入第三闸室；随即落闭下闸、升启腰闸，使第三、四闸室连通，漕船在这段长达二里多的闸室内等候江潮；待长江涨潮时，升启新河水闸引江潮进入第三、四闸室，至京口闸两侧水位平齐后升启京口闸，漕船即可顺利出江。江上船只进入运河后，则待长江涨潮时依次升启五闸使船只乘潮进入运河；若遇枯水期潮水水位不足的情况，就在船只进入下闸后落闭下闸，利用积水澳（平时用水车从归水澳向积水澳车水）向运河内补水，待第一、二闸室水位与上闸内运河平齐，即可升启上闸，令船只驶入运河内水。

但到了史弥坚知镇江府时，长年的战乱动荡、朝廷的偏安东南，加上江水泥沙的加速增长，使得漕渠日渐失于维护。京口澳闸水道淤塞、闸门朽坏、澳池荒废，上江漕粮输送临安长期依赖镇江府转般仓的内外转运。设施失修、河道淤塞、水浅难行，这样的困境让镇江这座江运交汇都市变成了制约整条江南运河运转效率的“关键堵点”。

### 小贴士：镇江府转般仓

镇江府转般仓，南宋绍兴七年（1137）因冬季江河水位低下，上江粮船等候江潮开闸时间过长而设，位于运河和长江之间，方便江船就地卸纳漕粮，再由运河漕船转运临安。此仓历代沿用，元朝时称大军仓，明清时期称镇西仓，是大运河文化江运交汇遗产的重要组成部分。2013年，镇江府转般仓遗址（宋元粮仓遗址）被公布为全国重点文物保护单位。

找到了问题所在，史弥坚很快有的放矢地展开了行动。他首先委托负责监督修造的壕寨官实地勘测了从江口到府城南水门的漕渠河道，共长一千八百六十九丈，以此计算出疏浚河道、修理闸门的总工作量约为三十七万六千五百九十二工（一个劳动力一天的工作量为一“工”）。然后找好开阔的空地作为挖出淤土的堆放点，按照各个堆放点的面积算出其最大堆放量，以此确定每个堆放点承接的疏浚河段长短，再按照疏浚河段与堆放点的距离确定每段河道每天需要的用工数量。最后考虑到即将迎来农忙时节，不宜劳动百姓，史弥坚还计划动用驻防镇江的官军来承担主要施工任务。施工方案确定后，史弥坚将其一一列明上报，驻镇御前诸军都统制刘元鼎未等朝廷批准，已经准备好工具、分配好人员，进入了随时待命的状态。次年（嘉定七年，1214）二月，朝廷批准了史弥坚的方案，并截留他处钱粮调拨给镇江府工程使用，显示出朝廷治理江运交汇的决心。

镇江府的江运交汇治理工程就正式开工了。第一步是筑堤拦水，将疏浚河段排干，然后按照施工方案立好分段标志，拆除侵占河道的建筑并对屋主做好补偿，这些工作在五天之内全部完成。第六天，所有参加工程的官军分段进场，掘土的铁锹掀舞如云。知府史弥坚和淮东总领所总领钱仲彪亲自下河，带头劳动，都统制刘元鼎每天巡视队伍，保障施工进度。五十五天后，工程如期完成，这段长一千八百六十九丈的江南运河北端穿城、通江河道，被开挖成了底阔十余丈、深一丈有余的广渠，挖出的淤土在城外堆成了小山。河道上的五道闸门被从淤泥中清理出来，全部用武康巨石修葺一新，规模更甚于前。跨本段运河的六座桥梁——长桥、清风桥、嘉定桥、千秋桥、渌水桥（唐杜牧有诗“青苔寺里无马迹，渌［又作“绿”］水桥边多酒楼”）、拖板

镇江京口闸遗址（高逸凡 摄）

桥，也得到了修缮或重建，大大改善了府城中因运河穿城而受到阻碍的陆上交通往来。

完工之后，史弥坚还招募了三十个强壮会水的人补充闸兵队伍，由闸官统领驻扎在上闸东侧新建的营房之中，专司各闸的启闭。于是当江潮再次涨起之时，人们终于重新看到五道闸门次第升落，长江上和江南运河里的船只恢复了从京口闸出江入运的传统航路，由此来到镇江的四方行旅无不惊叹于这座江运交汇都市桥梁城关的壮丽和山水楼台的秀美。

**小贴士：淮东总领所**

总领所是南宋时期负责筹措军队钱粮的官署，最早设置于四川。宋高宗绍兴六年（1136）朝廷设淮东总领所于镇江府治西南，掌管屯驻江淮诸军（后改屯驻镇江府御前诸军）的钱粮事务，是南宋四总领所（淮东、淮西江东、湖广、四川）之一。

看着眼前的这番景象，刚刚放下铁锹的史弥坚虽然心中充满了成就感，但他却并不打算止步于此。在疏浚漕渠的工程中，京口澳闸的五道闸门恢复了，但用以给闸室补水的二个澳池却还湮没在城北的荒草沼泽中，到了冬天枯水季节漕渠水位低下时，漕船过闸会有搁浅的风险。经过实地查访，史弥坚发现积水澳旧址大部分已被民居所占，看不出原有的形态了；而归水澳的池岸堤防还依稀可辨，或许可以依此来恢复澳池。面对这一现实情况，史弥坚心中盘算：恢复旧日的归水澳应该并不困难，但镇江府城江边从北固山下到还京门外这么大一片江边平地，没有任何的天然屏障可以据守。金兵窥江而去不过六年，这样的江防漏洞实在不能忽视，更何况朝廷漕粮重地转般仓也在此处，不可不慎加防范。何不趁此将归水澳向东西两面拓展呢？西侧引壕环绕转般仓后，可以为其提供防御。东侧通渠北固山西侧的旧甘露港口，除了为滨江之地提供屏障外，还可以恢复从甘露港口到漕渠的水路，为漕渠提供通江的间道。

打定主意，史弥坚就亲赴归水澳故址，带着疏浚漕渠锻炼出的队伍开始丈量规模、计算用工，随即一鼓作气开始了治理江运交汇的“二期工程”。首先开挖、疏浚、扩大了归水澳，并整修拓宽了归水澳通漕渠的旧闸。然后从新归水澳向西开挖环绕转般仓后的护仓壕，挖出的土就地用以拓展转般仓北侧的仓基，增加了仓储空间。最后从归水澳通漕渠旧闸前向东北开凿新港，直通旧甘露港口，并在新港内建造了石制的上闸和木制的下闸，使江上船只可以在长江涨潮之时由此上行漕渠。当江潮水位不足时，就要利用归水澳给两闸之间的闸室补水。考虑到新甘露港二闸之间水道能容纳的候闸船只有限，又把北固山下的一片沼泽拓为“秋月潭”，使其与新甘露港闸室连通，用以泊船候闸。此外，下闸以外的旧甘露港水道也得到了改造，被疏浚为长达一百八十丈的“北固浦”，使途经镇江的江上航船可以停泊其中，借北固山势躲避江上凶险的风涛。这条源自六朝古京口西浦的水道，至此变身为真正意义上的长江港口，直到今天，人们依然可以在北固山下看到它的遗迹——一湾小桥流水的凤凰池。

雪中凤凰池（高逸凡 摄）

这次工程重修的归水澳长达二百丈（大致相当于今天的634米），宽达十五丈，最窄处也有十丈多。向西引出的护仓壕长二百丈，向东引出的新甘露港长一百二十丈，再加上新拓秋月潭和疏浚北固浦，一共用钱四万五千零四十缗（一串一千文铜钱为一“缗”）、米四千九百九十多石，全部由镇江府承担，所用人力也都是镇江本府的禁军士卒。

至此，江运交汇的枢纽——全新的京口澳闸系统终于呈现了出来：长江上游顺流而下的船只和江北运河渡江而来的船只，乘着长江涨潮从北固山下的甘露港上、下二闸和归水澳闸上行进入江南运河；江潮水位低下时则落闭甘露港下闸，上行船只在上、下闸之间的闸室和与之连通的秋月潭内停泊候闸；升启甘露港上闸受归水澳来水提高水位，使船只可以顺利进入江南运河，向转般仓运粮的上江、江北粮船则可由此通过归水澳直达转

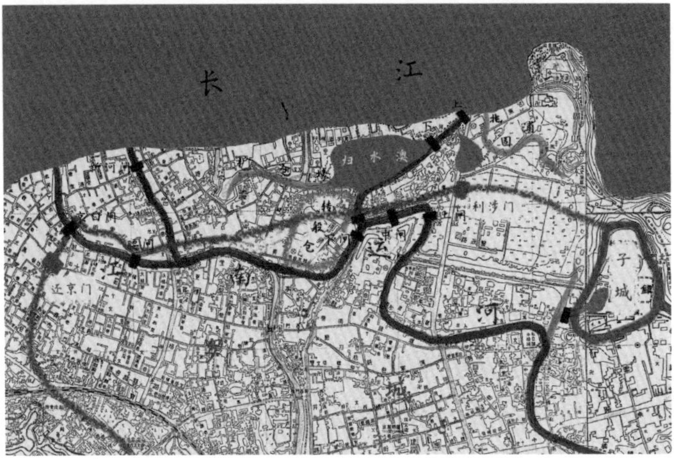


史弥坚改造后京口澳闸示意图

般仓后的护仓壕，避开在江边停泊卸运的风浪之险。从江南运河出江西行和渡江北去的船只，则依靠归水澳对第一、二闸室水位的调节和江潮的涨涌，依次通过上、中、下、腰、京口五闸，由京口闸外运河江口驶入长江。自此人们可以不再担心运河水的奔泻流失和长江潮水涨涌入城带来的泥沙淤积，朝廷的漕粮、军粮转运更为便捷，出江入河的交通往来也更为通畅，镇江府城这座“国之北门”的通行和战略支援能力都得到了极大的提升。

## 砌筑纤道穿夹岗

解决了江南运河镇江府城段“江运交汇”的问题，史弥坚接下来面对的就是江南运河丹徒—丹阳段“高岗夹河”的问题。

从江南运河出镇江府城南水门后东南行，很快就来到了“小夹岗”的入口——丁卯桥。丁卯桥是江南运河上历史起源最早的桥梁之一：史载东晋建武元年（317），晋王司马睿之子司马裒坐镇广陵，从京口运粮北上支援祖逖北伐。因小夹岗地势高亢，运河水道干

镇江丁卯桥公园（高逸凡 摄）

涸，奏请在夹岗水道出口处立埭，以拦蓄山水，抬高上游水位，使粮船得以通过。奏报在丁卯日得到批准，故埭名“丁卯埭”，后世改埭为桥，即为丁卯桥。唐代诗人许浑曾居此桥南，其诗集因名《丁卯集》。丁卯埭得名于丁卯日，这是元代《至顺镇江志》所引南朝《舆地志》的说法，听起来颇为牵强。其实在江南吴越先民的语言中，“丁卯”一词从读音上完全可以理解为“山脚”之意，这也更符合丁卯桥位于京岘山、釜顶山、焦石山诸山环抱之中和运河小夹岗出口处的地理位置，在此建埭蓄水，的确可汇诸山之水于小夹岗内而不泻走。从近代丁卯桥的老照片上看，晚期改建于运河支流丁卯港口的丁卯桥兼具闸门结构，那有理由推断南宋时期运河上由丁卯埭改造而来的丁卯桥，应当也保留有落闸蓄水的功能。

**小贴士：埭**

埭是一种拦河的水坝，横截面呈梯形，可以抬高上游河道水位，船只经过则可从埭身两面的斜坡拖行通过。埭最早出现于孙吴时期开凿的破岗渎，多见于丘陵地区的河道，后世又称“堰”，是水闸、船闸的前身。

从丁卯桥进入丹徒县小夹岗，两岸分别是釜顶山和焦石山，此处至今仍是镇江城区古运河沿岸地势的最高点。在古代即使有丁卯桥闸拦蓄山水，船只依然要靠纤夫拉纤才能通过这段水浅难行的山谷。沿运河出小夹岗后东北行，就来到江边的丹徒镇，这里是秦汉六朝时期丹徒县治故址，江南运河在此有港通江，《南齐书》记载“丹徒水道，入通吴、会”指的就是这里。过丹徒镇

镇江古运河小夹岗（高逸凡 摄）

沿运河东南行，迎面又是一道环抱左右的长岗，运河水道从其正中断岗而过，从南朝时期就一直有传说称这是秦始皇为破此地天子气而派人凿断的。

过长岗后，运河流经一片较为开阔的山间湖沼之地，称为月湖，多有大户圩田庄园分布其间。其东侧高山名为雩山，是宋武帝刘裕之父刘翘的坟墓兴宁陵所在。运河在此也有一通江水道，盘桓曲折，称为谏壁港。新中国成立后，这里被改造为现代江南运河的通江口门——谏壁枢纽。沿运河由月湖折而南行，过辛丰镇后，两岸地势逐渐升高，最后进入一道蜿蜒的峡谷，这就是整条江南运河沿岸地势的最高点——云阳北岗（又称“大夹岗”）。这里的运河水位，全靠丹阳城北开凿于西晋时期的人工湖练湖放水维持，即使如此，船过此地仍然要靠纤夫拖船才能过岗，李白《丁督护歌》描写的就是这里行船背纤的场景：

云阳上征去，两岸饶商贾。
吴牛喘月时，拖船一何苦。
水浊不可饮，壶浆半成土。
一唱督护歌，心摧泪如雨。
……

古运河穿过丹徒长岗（高逸凡 摄）

出了云阳北岗，穿丹阳而过，江南运河就进入了太湖流域的平原水网，此去临安城下，一路再无险阻难行之处。这段由大、小夹岗和丹徒长岗组成的“高岗夹河”水道，正是江运交汇内部的另一个侧面，也极大地制约着江南运河的运转效率。

在古代的工程条件下，穿过丘陵山岗的河道很难深浚，因此河底高程受自然地势影响较大，想要顺利行船，一靠堰、闸拦蓄水势，二靠人工设施补水，三靠纤夫背纤拖船。镇江府境内这段“高岗夹河”的江南运河历代皆有堰闸设置，也有练湖和江潮（丹徒、谏壁二港通江）可资补水，唯有沿河纤道因山谷盘桓而不易修建和维护。史弥坚到任镇江府时，从府城到丹阳的运河纤道已失修多年，以往的修筑和维护主要是由沿途寺庙的僧人承担。从府治正南乌风岭上的古东夹城南门朱方门到南水门边的通吴门是城内段，一共六百五十丈，得到砌修的部分不到三分之一。从通吴门到丹阳东南与常州交界处的吕城镇是郊县段，一共一百二十四里，朝廷颁发度牒、转运使司支给楮币，分给丹徒、丹阳二县去落实修治工程，仍不能完工，一遇雨雪就满途泥泞。

**小贴士：度牒、楮币**

度牒是由朝廷颁发的明确出家人身份的证明文件。由于合法僧人可以免税和免徭役，因此发放度牒有助于吸引劳动力在寺庙出家，增加寺庙对运河纤道维护的人力投入。楮币即纸币，因用楮皮纸印成而得名。最早的纸币出现于北宋时期的四川地区，称为“交子”，南宋时期流通的纸币主要是朝廷户部印发的“会子”。

史弥坚见僧人不足倚靠，就拿出钱粮招募民夫，委派镇江府通判胡绾亲自主管纤道的砌筑。从嘉定六年冬到嘉定八年秋，工程历时近两年终告成功。城内段全部用青砖砌筑完毕，郊县段在丹徒县境内者也全部砌就，在丹阳县境内者则从云阳北岗二县分界处向南砌筑了四千二百多丈，到达了丹阳县城以东的水网地带边缘。穿越整个“高岗夹河”区域的运河纤道至此修砌一新，很多关键地段还用条石进行了加固，纤夫拖船过岗时再不用担心被崎岖泥泞阻挡步伐甚至受到伤害，“高岗夹河”这一江运交汇里侧的隐性“堵点”终于也得到了疏通。

史弥坚到任镇江后疏浚漕渠、复兴澳闸、修葺桥梁、砌筑纤道、开甘露港、扩转般仓，对“江运交汇”的表里上下进行了全面治理，畅通了江南运河与长江的沟通往来，也打通了南宋朝廷控制上江和江淮地区的经脉，恢复了镇江府漕运枢纽的地位。

南宋镇江府运河纤道的起点——朱方门旧址（高逸凡 摄）

在用心这番大工程之余，史弥坚还带头缩减府衙不必要的开支，用节余的钱粮办了不少与治理江运交汇配套的“小事”。如拓修千秋桥西、运河南岸的镇江府驿丹阳馆，使沿着长江、运河而来的四方宾客可以安憩府治之旁，便于迎来送往。又如疏浚与运河相通、汇聚府城西南诸山之水的镇江府市河水系，既为江运交汇的运转补充了水源，又便利了府城百姓日用所需的供给。此外，史弥坚还开凿了京口闸外与运河江口相通、用以停泊防江战船的海鲜河，为守御江运交汇国门重地的驻防水军提供了可靠的港湾。倾尽心力重新激活了江运交汇的史弥坚，同样也在思考如何守卫好镇江府这座江运交汇的枢纽都市。

# 第五章　重整门户镇江天

## 重塑名城筑新关

镇江是中国唯一一座既控扼长江又锁钥运河的城市，也是长江下游少见的丘陵山城，在江南的最北端挺起一条坚硬的脊梁。其地“因山为垒，缘江为境”“经途四达，城邑高明”“东通吴、会，南接江、湖”“长淮、大江，皆可拒守”，自古以来就是兵家必争之地。镇江的文明史启于西周，建置史肇自春秋，而有史可考最早的城池则是东汉末年江东孙氏在北固山前峰之上所筑的“京城”。京城的“京”是高地的意思，北固山“回岭入江，三面临水”，其中、后二峰在古代长期耸峙江中，唯有前峰雄踞江滨，在此筑城可以居高临下，扼守山下西侧一条叫“西浦”的河流的入江口。因为京城的存在，这个入江口后来就被叫作“京口”，而京城后来也被称为“京口城”“铁瓮城”。以此城为核心和

从铁瓮城遗址上方看北固楼和长江（高逸凡 摄）

起点，后世逐渐发展出镇江历代城垣，直至形成今日的镇江主城区。

东汉建安十三年（208），孙权将治所从吴县（今苏州）迁至京城，在此与诸葛亮定下联刘破曹的大计，赤壁之战随之打响。京城所在的北固山僻处当时的丹徒西乡，孙权为何要从吴县移治于此呢？这是因为京城所镇守的西浦，其上游水系可通从丹徒县治出江的早期江南运河，即“入通吴（吴郡）、会（会稽郡）”的“丹徒水道”。而京城在丹徒西北的长江上游，又有北固山险要可倚，天然比丹徒县治更适合锁钥从长江进入江东腹地的水路孔道。吴赤乌八年（245），孙权派校尉陈勋开凿了沟通秦淮河流域和太湖流域的破岗渎后，吴郡、会稽等东郡的船只才开始不从京口出江航向建业（今南京），这表明京城在孙吴时期就是镇守早期江南运河入江口的军事重镇了。

京城依山而筑，周回六百三十步（大致相当于今天的945米），内外包以青砖，因此号称“铁瓮城”。六朝时期先后做过毗陵郡、晋陵郡、南东海郡、南兰陵郡、南徐州的治所，也是名震天下的东晋“北府兵”驻地，宋武帝刘裕即由此发迹。隋文帝开皇十五年（595），铁瓮城成为新设的“润州”治所。入唐后，此城又先后成为丹阳郡治所和浙江西道观察使、镇海军节度使驻地。唐太和年间，浙江西道观察使王璠从铁瓮城向其东西两翼各筑夹城一座，铁瓮城由此成为润州“子城”（即内城之意）。唐僖宗光启三年（887），镇海节度使周宝筑润州罗城，长二十六里十七步（大致相当于今天的14.6千米），高九尺五寸（大致相当于今天的2.95米），四面开城门十座，将旧有的润州子城和东、西夹城，以及京口堰（京口闸前身）以南九里长的蜿蜒运河都包罗其中。城垣倚山临江，城内“三山五岭”，是一座气势恢宏的江南山水大城。入宋后，润州以铁瓮城为子城，以罗城为外城的格局依旧延续。

宋徽宗政和三年（1113），朝廷升润州为镇江府。十六年后，这座江南山水名城就迎来了战火的考验。时任江浙制置使的韩世忠在镇江江面大败完颜宗弼（兀术）率领的金军，极大鼓舞了南宋军民的抗金士气，此后数十年间，镇江府城长为宋军北伐时的出发基地和金军南侵时的国门锁钥。从北宋末年到南宋初年，大量北方人民举族南渡，地处江南最北端的镇江府沿江一带正是许多北方大族南渡后的卜居之地，至今镇江东乡仍有众多宗族的族谱溯源到这一时期。大量的朝廷驻军和各路移民，继东晋南朝之后再一次把镇江府城变成了一座充满动荡和离乱氛围的城市。史弥坚刚刚通过治理江运交汇疏通了它经脉的运行，下一步就准备通过重整城防秩序增强它肌体的力量——眼前这座三百多年前构筑的残破罗城，究竟还能承受几次敌人的大兵压境呢？

史弥坚面对的镇江府罗城相比唐代的润州罗城已经有了许多沧桑变化：润州罗城的十座城门，到嘉定年间只存八座，分别是东门青阳门、南门仁和门、西门登云门、北门利涉门、东南门通吴门、西南门鹤林门、西北门还京门和东北门定波门。润州罗城四面城垣都是夯土所筑，历经三百多年江南风雨已处处残破倾颓，北宋文学家王存在其《登北固山》一诗中对此就有描写：

晚登北固顶，俛视南徐城。
废垒何茫茫，山川迥纵横。
……

不仅如此，驻扎镇江的数万名御前诸军在府城内外分屯为七军十七寨，其中驻地紧靠城垣的部队为了方便调动出入，在本已十分残破的罗城夯土城垣上私自开辟了众多土门，又不按照规定时间将其与八座正门一同启闭，使得府城混乱的城防治安雪上加霜。此前的地方官也不是不知道城防的重要性，但大规模重新筑城耗费巨大，没人敢提此议，小修小补相对于老旧城垣的全面倾颓和内外军民的私自开门又无济于事，以至因循苟且，最终造成这样的现状。

针对这一现状，史弥坚于嘉定七年开始了重整镇江府城防的工程。他首先基于城北新建的转般仓护仓壕、归水澳、甘露港水系新筑一道罗城北垣，自转般仓西侧旧罗城北垣起，沿江边直达北固山后峰顶，再沿北固山脊南折，与北固山前峰上的子城北垣相接，将城北的江边平地、水系和北固山巅全部包罗在内。设城门三座，第一座在转般仓西北护仓壕尽头，叫作“通津门”；第二座在北固山后峰上的北固亭北侧，叫作“甘露门”；第三座在北固亭南侧，叫作“跨鳌门”，以此控制沿江往来，消除城防死角。近年的考古发现表明，史弥坚所筑的这道新罗城不再是旧罗城那种纯粹的土城，而是外侧用整齐青砖包砌的砖城，这大大提高了城垣的耐久度，直到今天仍然能在北固山上看到它的遗迹。

史弥坚所筑新罗城北固山段遗迹（高逸凡 摄）

完善了城北沿江要地的防御，史弥坚紧接着就将目光投向了南边残破的旧罗城。这道旧土城虽然饱经岁月沧桑，处处坍圮缺漏，但其走向设计却充分体现了前人的战略眼光。镇江府城三面环山、一面临江，旧罗城以环城诸山为节点，将能够俯瞰城内的制高点如花山、虎头山、阳彭山等尽可能地包罗在内。又凭借东南方漕渠（运河）边的鼎石山设置了南水门，在西北江边将京口闸作为北水门，共同节制了漕渠的出江入运，使罗城成为真正的浙西门户、运河锁钥。只是三百多年来城北沿江一带因江沙淤长新增出许多土地，才有了弥补城防范围的需要，因此史弥坚并不打算废弃这座旧城去另起炉灶。

对于旧土城坍塌倾倒的墙体部分，他选择重新夯筑加固、填补缺口，恢复其屏障作用。对于府城军民在城垣上私自开辟的众多土门，史弥坚则具体分析、分别处置。那些确实在大军和居民日常出入必经之路上的土门，就将其改建为真正的城门，派府城禁军专门把守，与八座正门每天同时启闭，以确保城防体系的统一。而那些位于山野幽僻之处、经常被不轨之徒所利用出入的土门，就将其堵塞废弃，并沟断其内外道路，以弥补城防治安的漏洞。还有一些相邻过近或内外道路不合理的

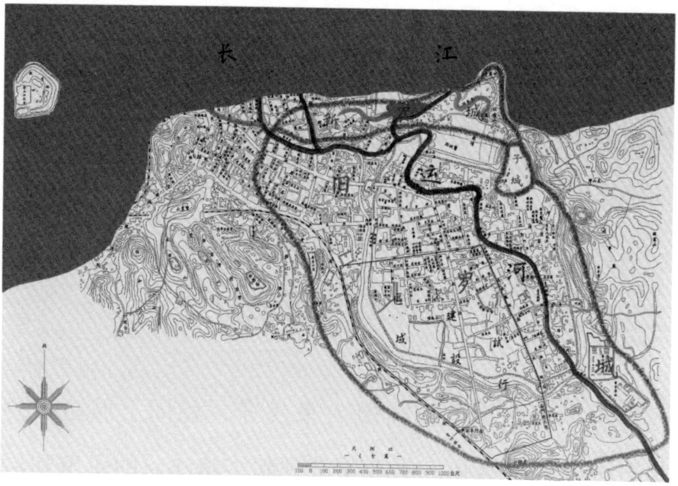


史弥坚重修后镇江府城格局示意图

土门，就对其进行归并或改建。鹤林门东旧有竹篱门一道，这次也一并将其改建为有城楼的城门，取名“放鹤门”。最后一共改造了十一座土门，废弃了五座、新增了七座城门。这十八座新城门使得建炎南渡以来镇江府罗城内外混乱的交通有了固定的路线，在方便军民出入的同时也改善了府城的城防秩序。

自此以后，镇江府城就形成了由子城、旧罗城和新罗城组成的三重城垣格局，沿江的砖砌新罗城或处水间、或行山巅，各凭险要控扼江滨。内部经过改造的旧罗城则环绕市井军寨之间，维持着这处军事要地的日常运转。而子城依旧雄踞北固前峰之上，以固若金汤之势守护着各类军政机构的中枢要地。江南运河最初九里水路所经的这片面江开放的山间谷地，几乎尽在镇江府城防体系的控制之下，“国之北门”从此实至名归。

## 锤炼州兵密巡防

再牢固的城墙也需要人来戍守，稳固了城防“硬件”设施的史弥坚，又着手整顿起了镇江府的军事和治安力量。南宋时期地方上主要的军事防御和社会治安力量是地方禁军，这一时期的地方禁军早已不是北宋时期那种作为朝廷野战主力的禁军，后者的职能已被御前诸军所取代，而两宋之交残留下来的地方禁军逐渐演变成了专司镇压叛乱、维持治安、消防巡逻、接送官员，以及紧急情况下协助作战的地方部队，因此当时也常用地方部队的古称“州兵”来称呼禁军。

镇江府禁军沿袭北宋旧有编制，分为威捷第四、全捷第十八、威果第三十六、威果第六十二、雄捷第十共五个指挥（“威捷第X”“全捷第X”是禁军番号，指挥是其编制单位，一指挥满额一般为四百到五百人），编制兵员2130人。然而嘉定六年史弥坚到任时，镇江府禁军只剩不足500人，其中大多数还被各种军政机构私自调去充作杂役使用，老弱者几占其半，早已不堪为军。史弥坚重拾自己在枢密院任职时校阅殿前司禁军的经验，按照军籍名录对镇江府禁军的所有兵员一一当面检视，裁汰其中年老体弱者，再挑选禁军子弟和本府厢军中的强悍精锐者补入禁军，以充实队伍。还设立赏格，面向社会广泛招募兵员。到了嘉定八年春天，史弥坚从新禁军中选拔出可供战守的兵员815人，称为“拣中”。这支新锐力量就成了镇江府“州兵”的主力，承担起本府的守御和治安之责。

### 小贴士：厢军

厢军是宋代的地方杂役部队。最初宋太祖赵匡胤收诸藩镇兵壮勇者入禁军，其余留本州备役使，谓之厢军，后来也以饥民、罪犯充厢军，禁军武技不合格者亦降为厢军。厢军具有修城、制作军器、修路建桥、水陆运输、牧马屯田、侍卫官员、官营手工业劳役等多种职能，有时也作为补充力量参加战斗。

朝廷有数万御前诸军作为野战力量长驻镇江府，地方官视其为城防主力，所以对本府禁军的军事训练不闻不问。再加上长期役使禁军充作杂役，以至本府禁军战力废弛，甚至连缉捕盗贼的任务都难以胜任。史弥坚重整镇江府禁军队伍后，就开始想方设法提高其战斗力。禁军长期武备废弛，衣甲军械早已朽烂不全，营房也多遭侵占，不敷使用。巧的是，在史弥坚到任前一个月，枢密院刚刚下令将镇江府在开禧二年为防金人南侵设立的水师“防江军”划归了驻镇御前诸军。但这支水师的衣甲军械和营房教场都是由镇江府出资置办和建设的，为此史弥坚向朝廷报告了本府整顿充实禁军的成果，并

镇江城东北江边的石公山（高逸凡 摄）

奏请将旧属防江军的衣甲军械和营房教场拔还镇江府，以供禁军训练和驻扎。

次月，枢密院就令驻镇江御前诸军都统司按史弥坚所请，将防江军衣甲军械及营房教场尽数拔还镇江府，镇江府禁军由此得到铁甲六百副、枪七百七十条、麻扎刀五十柄、腰刀三百口、腰斧三百柄、角弓（用筋、角、竹木等复合材料制成的战弓）一百张、木弓一百二十张，以及各类旗鼓、箭矢等军械，装备为之一新。等到位于府城东北江边石公山（象山）下的旧防江军营房和教场交割后，史弥坚又亲往视察，重作规划，在修缮营房的同时新建了五开间的将台一座，命名为“威辅堂”，以供知府春秋两季在此大阅禁军之用。此外他还在府治后的荒园中创立了一座“止戈亭”，用以日常检查禁军训练成果。

万事齐备之后，史弥坚将拣中禁军分为六队，各以一名部将统领，分配甲胄兵器，设专库分队号存放，五天一次在止戈亭前比试射艺、教习阵法，用本府屠宰税的多余款项设立赏钱，奖励训练中的优异者，还将本府新创巡铺厢军也一并纳入训练。到了第二年秋天，史弥坚在威辅堂大阅镇江府禁军和巡铺厢军，近千名战士组

古江口镇西津渡街（高逸凡 摄）

成的队伍旗帜鲜明、鼓角震天，军容为之一振，极大地增强了镇江府治理一方的实力和底气。

与禁军一同受训的巡铺厢军，也是史弥坚在镇江府开创的新政。镇江府地处江运交汇的四方通衢之地，又是军民杂处的要塞都市，城内治安压力本就大于一般府州，但此前本府禁军、厢军长期武备废弛、人员涣散，难以组织起有效的治安力量。在重整禁军的同时，史弥坚也裁汰充实了本府的厢军，重新编练的禁军可以威慑宵小、镇压暴乱，而得到充实的厢军则可以巡逻城厢，维持日常治安。于是史弥坚效仿临安府在绍兴二年（1132）所立巡铺制度，在城内五厢（宋代城市的行政区划，大致相当于今天的街道）和还京门外京口闸、西津渡所在的江口镇创置了二十八个巡铺，分别以二十八星宿名为标记，每铺配属厢军二名，专门承担本铺辖区的治安巡逻和防火防盗任务。史弥坚称其功能为“严扞掫（巡夜、守卫）而肃警捕”，与今天的派出所和警务站有相似之处。史弥坚在镇江府城和江口镇创置的这二十八个厢军巡铺，加上前任知府宇文绍彭在丹阳县、丹徒县大、小夹岗创置的六个由巡检司和县尉司派驻的巡铺，共同组成了镇江府江运交汇区域的治安管理网络，有力地保障了这座江运交汇都市日常的运转秩序。

**小贴士：巡检司、县尉司**

巡检司始于五代，此后宋、元、明、清历代沿袭，是设在要害之处，负责巡逻、捕盗的基层治安机构，如南宋时期镇江府的西津巡检司和圌山巡检司。县尉司是掌管一县捕盗和斗讼的机构，统领本县的治安力量——弓手，由县尉主管，类似于今天的县级公安局。

从嘉定六年到嘉定八年，史弥坚不仅重建了镇江府的江运交汇枢纽，疏通了南宋朝廷的经济命脉，还重整了镇江府的城防系统和治安体系，保障了南宋朝廷水路门户的安全稳定。嘉定七年五月，金国在蒙古的军事压力之下迁都汴梁。同年七月，南宋停止向金国交纳岁币，有识之士都已经预见到战争阴云的迫近。仅仅三年之后，金人就发动了“取偿于宋”的南侵战争。史弥坚在镇江府任上不到三年间的积极作为，何尝不是在与时间赛跑，为镇江能在下一场战争中再次为国家捍御国门、镇守江天做好准备呢？

镇江市京口区第一楼街（高逸凡 摄）

嘉定八年九月五日，完成了重整江运交汇都市历史使命的史弥坚除授宝谟阁直学士，依其所请宫观祠禄再次归乡，离开了这座因他而涅槃重生的城市。史弥坚重建的江运交汇水系，直到晚清时期仍在发挥作用。他构筑的沿江罗城北固山段，还被太平军和清军相继利用，建成了晚清镇江府新城，时至今日依然屹立在北固山上。他在嘉定桥东新建的喜雨楼，因诗人戴复古的“京口画楼三百所，第一新楼名喜雨”而闻名于世。其旁的“第一楼街”经历了八百多年的风雨，至今依旧烟火人间，令人长忆一代名臣史固叔。

# 第六章　收功建宁隐故园

## 保障闽道惠黎民

嘉定十年（1217），五十二岁的史弥坚在家中接到了朝廷任其知建宁府（府治在今福建省建瓯市）的诏命告身。此时兄长史弥远已官拜右丞相兼枢密使兼太子少师，圣眷正隆。史弥坚本有心避嫌，不愿再流连官场，但建宁府所在的福建路是其父史浩曾任安抚使的地方。史浩当年在闽多有治绩，为人所称道，现在朝廷有命，使自己有机会去继续父亲造福一方的事业，于情于理都不容推辞。于是史弥坚再次整装出发，南下建宁赴任。

甫至建宁府城，史弥坚就发现夹道围观的百姓中有许多人在指指点点。一问方知，原来百姓们听说新任知府是当年史闽帅（即福建路安抚使，安抚使俗称“帅臣”）之子，都在议论他与父亲的相似之处，这在无形中让史弥坚更加感到重任在肩。

到任之后，史弥坚一如既往地交接乡贤、整肃军务、断狱息讼、兴利除弊，唯恐辜负百姓的期待，有损父亲名声。公务之余，史弥坚依然保持了实地察访的习惯。他在察访中发现，那条自仙霞岭南来贯穿建宁府境以达闽江、通福州的驿道，就是其父史浩曾经用砖石砌筑八百里的浙闽古道。古道年久失修，近四十年来的雨水山洪已经让这条穿越群山的险道变得凹凸不平。晴天时走在上面，凌乱的砖石硌得人脚生疼；到了下雨天，坑洼不平的地方积水能漫到人的小腿，沿路往来者常常跌倒摔伤、弄坏货物，苦于闽道艰难。

山中古驿道（高逸凡 摄）

史弥坚心道：“这条道路是父亲一手修砌，如今失于维护，使百姓苦于行旅，这是上天把修路的任务留给我来完成啊！”于是他循着在镇江府疏浚运河和修筑纤道的经验，从府库中筹措资金，挑选驿道沿途有筑路能力的寺庙下达任务，按筑路长短分配资金，使其分段完成驿道的修整。数月后各段纷纷完工，北出浙东衢州，南至本路南剑州，建宁府境内的浙闽驿道恢复了史浩当年筑成时的齐整面貌。路面宽阔平坦，百姓商旅往来其上不再为崎岖所苦，而地处浙闽通衢之上的建宁府也因此变得更加兴旺。

与镇江府情况相似，建宁府的禁军也存在大量缺额，名册上分明有一千多禁军兵员，可当史弥坚亲自到校场点视时，在场者竟然不满百人，比当年镇江府的情况还要糟糕。史弥坚一问之下才知道，不仅本府的各类行政机构多有占用禁军为杂役的情况，就连稍有势力的大户人家都长期役使禁军为其服务，所谓禁军不过是军籍上的记录而已。史弥坚听到这里不禁长叹：“韩愈曾说：‘坐坊市卖饼，又称军人，则谁非军人也?’（《为河南令上留守郑相公启》）那种军人至少还能让自己过好小日子，像我们建宁府的这种禁军，被官府役使也就罢了，居然还被指挥私相授受借予大户充当杂役。每日里应付差使如同奴仆，既荒废了武备，又不能像正常的百姓一样谋生，一个个穷困潦倒，一旦境内有事，靠谁来镇暴平乱，靠谁来扼守浙闽通衢？这不是在摧毁国家地方防务的根基吗？！”

建宁府是福建路两大门户之一，此地如果发生变故，那么朝廷从浙东进入福建的通道就会被切断。而这里又不像镇江府那样还有御前诸军驻扎，其镇守力量全都仰仗本府禁军，这样的现状实在令人无法坐视。史弥坚马上按照军籍名册命令所有禁军限期归建，依镇江府旧例挑选裁汰、招募充实。再将禁军教场和营房迁至城外，将禁军驻地同城内的官府、市井分隔开来，以杜绝官府和私人对禁军的随意征用。禁军移防新驻地后，史弥坚令人将城中的禁军旧驻地房屋悉数出租，将租金用作禁军定期比武胜者的赏钱，以此激励禁军将士磨砺战技，再根据武艺战技的高下来决定军职的升降，建宁府禁军的元气由此得以恢复。这样一来，就算建宁府地处后方腹地，常年少有战乱，本府禁军也能够保持尚武之风和军人面貌，以备不时之需了。

到嘉定十二年（1219）时，史弥远已拜相十二年，在朝中大权独揽。史弥坚担心兄长变成韩侂胄那样的权相，数次去信劝兄长急流勇退，但羽翼日渐丰满的史弥远如何听得进这样的劝谏？眼见兄长即将在权相的道路上越走越远，史弥坚意识到自己不能再流连官场了，否则去到哪里就会成为兄长权势在哪里的延伸，这甚至不以自己的意志为转移。正好此时在建宁府已将修路、练兵、兴学这几桩最为紧要的事情办妥了，史弥坚就再次上奏请祠禄归乡。

临走前他清点府库财务，发现这一年多兴利除弊以来，本府公帑竟然有了五千万钱的节余，何不最后再造福一下百姓呢？于是史弥坚上疏朝廷，称建宁府七县“山谷延袤相属”，其间能够种田的地方只占十分之三四，只有极大丰收的时候老百姓才能勉强吃饱，稍有歉收就会陷入富人争夺、穷人饿死的境地，因此请以本府节余的五千万钱在府境内广设仓储，丰年平籴备粮，以为本府百姓生计保障。宁宗皇帝听闻后对此大加赞赏，认为这就是本朝过去曾令各路设置“广惠仓”的原意，命史弥坚将此事办成，并将详细的设施和举措上报朝廷推广。

见官家有命，史弥坚只好暂缓归隐之事，全身心地投入这最后一桩公务。他与本府通判、推官，以及各县贤达各司其职、通力合作，根据建宁府所辖七县面积大小和人口多寡确定设仓的疏密，在建安县、瓯宁县、建阳县、浦城县、崇安县和松溪县分别建立了七到二十五座不等的广惠仓，每座广惠仓都以所在乡里的两名德高望重者担任出纳。丰收时以时价籴（买）米入仓，米贵时以低价粜（卖）米入市，既防“谷贱伤农”，又防“谷贵伤民”，这就是历史悠久的“常平法”。到了这年冬天，建宁府各县广惠仓中已储米超过三万石，各项规章制度也建立了起来，史弥坚借此延请本府名儒真德秀作了《建宁府广惠仓记》，希望以此为自己的官场生涯画上圆满的句号。

真德秀像（《三才图会》）

## 人世进退几欢哀

然而朝廷显然不想让史弥坚就此退隐，次年（嘉定十三年，1220）就进其为徽猷阁直学士，诏授权兵部尚书，但史弥坚去意已决，辞而不受。直到嘉定十五年

（1222）五月，朝廷才批准了史弥坚的退隐请求，进其为华文阁学士，授予其提举西京嵩山崇福宫的祠禄。得到诏命的史弥坚十分快慰，他早就治好了行装，当天就启程归乡了。

宋孝宗隆兴年间，史弥坚之父史浩曾在鄞县故里东钱湖边营建了一座宅第，那里万山相揖，一水悬镜，两座厅堂在湖边相对而立，其上匾额一作“湖山胜概”，一作“烟雨奇观”，是远离城市的绝佳隐逸之所。史弥坚归乡后，就将这处东钱湖故园修葺一新，命名为“沧洲”，作为自己的终老之地。宁宗皇帝听闻，亲自题写

宁波市鄞州区下水西村附近东钱湖景色（高逸凡 摄）

这两个字赐给史弥坚作匾悬于楼阁之上，“沧洲”自此成为史弥坚的别号。在这处园林里，史弥坚每天与亲朋泛舟湖上，朝霞夕月，渔歌互答，山光紫翠，水色空蒙，上有鸿儒谈笑，下有渔夫逍遥，从此朝堂官场随风去，只有湖山同往来。四十年前辛稼轩的那阕《水调歌头·盟鸥》，终于从纸上走进了现实。

五十七岁的史弥坚，过上了“不知春秋之代序”的退隐生活。相比壮志难酬、抱憾离世的辛弃疾，能够留迹人间并急流勇退，在史弥坚看来应该是一种幸运。

当年曾帮助史弥远诛杀韩侂胄的皇太子赵询已于两年前去世，新立的皇位继承人皇子赵竑对史弥远的大权独揽十分不满，他经常在府中扬言一即位就要将史弥远流放到偏远之地。史弥远听闻后非常恐惧，因此动了更换储君的心思，于是派遣心腹郑清之兼任王府教授，私下培养自己从民间选出的燕王赵德昭之后、沂王嗣子赵贵诚。嘉定十七年（1224）八月二十七日，宋宁宗病重，史弥远趁机称诏立赵贵诚为皇子，赐名赵昀，做好了更换储君、拥立新君的准备。

五天后宁宗驾崩，史弥远力劝杨皇后改立赵昀为嗣，在得到认可后密遣宫中快行（又称“快行家”，宋代宫中奔走传达命令的吏役）至沂王府宣赵昀入见。等到赵昀为宁宗举哀戴孝完毕，由此确立了储君身份后，再派人去传召赵竑入宫。当百官列班听取先皇遗命时，赵竑仍被安排站在臣子的老位子上，他这才发现赵昀已经坐在大殿的御座之上了！随即百官拜贺新君即位，赵竑不肯下拜，当年袭捕韩侂胄的殿帅夏震见状，揪着赵竑的头硬是让他拜了下去，于是赵昀顺利即位，史称宋理宗。而史弥远废立之谋得逞，此后愈发权势熏天，不仅逼死了被劫持造反的赵竑，还罢免、贬斥了许多为赵竑申冤的官员，除掉权相韩侂胄的人最终变成了一手遮天的新一代权相。

理宗即位次年改元宝庆，下诏问政于朝野老臣。史弥坚虽身在江湖，仍多次上疏建言国事，从不避讳时政弊病，希望可以帮助新君开创一番新气象。皇帝看到后得知史弥坚退隐在野，先后以刑部尚书和知平江府相授，想要召其入朝，史弥坚都立辞不受，最后只好进其为宝文阁学士，改祠禄为南京鸿庆宫，让史弥坚得以继续居家养老。绍定五年（1232），朝廷又授史弥坚龙图阁学士之职，起用其为知福州兼福建路安抚使。但此时的史弥坚已经重病在身，朝廷闻知后就改授其为端明殿学士，转其寄禄官（用以确定官员俸禄、品秩和章服的阶官，没有实务）为光禄大夫（正三品最高阶），不再强求史弥坚出山。史弥坚自知将不久于人世，抱病坚持写下一封遗奏，其中只有对年轻皇帝的殷殷劝谏，没有一句提到自己的身后之事。

这一年闰九月初八日，史弥坚病逝，享年六十七岁。宋理宗赵昀得报，深恨自己没有机会面识这位德才兼备的老臣，于是下诏赠史弥坚开府仪同三司（从一品

世忠寺岙史弥坚墓神道石牌坊遗迹（高逸凡 摄）

最高阶寄禄官），赠银五百两、绢五百匹，又别赠银千两、绢千匹作为葬费，特旨令庆元府（宋宁宗即位后以新年号升明州为庆元府，治所在鄞县）护葬。次年二月，史弥坚归葬于鄞县宝华山南麓（今宁波市鄞州区东吴镇世忠寺岙）。同年十月，史弥远病逝。次年（端平元年，1234）正月，南宋与蒙古联兵灭金于蔡州。也是在这一年，已经亲政的宋理宗特赠史弥坚资政殿大学士，赐其“忠宣”谥号，以表彰其“忠绩茂著”“乃心王室”。史弥坚有三子二女，长子、次子都先其父而亡，只有幼子史宾之为其料理后事。史弥坚落葬十年后，史宾之拜请已封申国公的前宰相郑清之为史弥坚撰写墓志铭。有赖这篇收录于《四明文献》和《鄞东钱堰史氏宗谱》里的《宋赠开府仪同三司忠宣公墓志铭》，今天的我们才得以了解史弥坚的详尽生平。

史弥坚去世后，时任秘书丞的文学家吴泳在悼文中这样评价他：“在熙宁则不党于熙宁，如安国之于安石；在元祐则不趋于元祐，如大临之于大防。”这是把史弥坚比作王安石的弟弟王安国和吕大防的弟弟吕大临，两人身为宰相亲弟，都不借此攀附权势。史弥坚在史弥远专权秉政的二十多年里，或勤政于地方，或悠游于林下，确实当得起这样的评价。史弥坚同乡、元代翰林院直学士、知制诰同修国史袁桷对史弥坚的评价是“判牍神敏”，亦即处理公务极为聪明高效，堪称一代“能吏”。

宁波市鄞州区南宋四明史氏墓园石刻（高逸凡 摄）

然而文献史料中对史弥坚的评价也就仅此而已了，他的生平事迹不仅正史无载，在其家乡的方志和《宋元学案》中也只能找到寥寥数行的小传，唯有镇江的历代方志对其事迹多有记载。史弥坚在乱世之中重振了镇江府这座江运交汇的都市，不仅收功于当代，更泽被了此后数百年间往来长江与江南运河上的人们。他的家风品格让他远离庙堂之高，他就把自己一代名臣的本色书写在了镇江府、建宁府这样的江湖之远，留迹于后世的人间烟火之中。本书是“大运河人物故事”丛书之一，也是史弥坚去世以来关于他的第一本人物全传，谨以此纪念这位不应被历史埋没的江运交汇都市建设者。

# 参考文献

1.〔元〕脱脱等撰：《宋史》，中华书局 1977 年版。

2.〔元〕脱脱等撰：《金史》，中华书局 1975 年版。

3.〔宋〕李心传撰：《建炎以来系年要录》，上海古籍出版社 2020 年版。

4.〔明〕陈邦瞻撰：《宋史纪事本末》，中华书局 2015 年版。

5.〔唐〕许嵩撰：《建康实录》，中华书局 1986 年版。

6.〔清〕史悠诚纂修：《鄞东钱堰史氏宗谱》，清光绪三十二年八行堂木活字印本，河北大学图书馆藏。

7.［日］小林晃：《史彌堅墓誌銘と史彌遠神道碑——南宋四明史氏の伝記史料二種》，《史朋》第 43 号（2010 年 12 月）。

8.〔宋〕卢宪撰：《嘉定镇江志》，江苏大学出版社 2014 年版。

9.〔元〕俞希鲁编纂：《至顺镇江志》，江苏古籍出版社 1999 年版。

10.〔明〕何世学纂修：《万历丹徒县志》，《天一阁藏明代方志选刊续编》23，上海书店出版社 2014 年版。

11.〔清〕何绍章，〔清〕冯寿镜修；〔清〕吕耀斗等纂：《光绪丹徒县志》，江苏大学出版社 2020 年版。

12.〔清〕吕肃高撰：《乾隆长沙府志》，《中国地方志集成》湖南府县志辑，江苏古籍出版社 2002 年版。

13.〔清〕陈兰森等纂修：《乾隆南昌府志》，清乾隆五十四年刻本，中国国家图书馆藏。

14.〔清〕张琦修；〔清〕邹山，〔清〕蔡登龙纂：《康熙建宁府志》，《中国地方志集成》福建府县志辑，上海书店出版社 2012 年版。

15.〔宋〕真德秀撰：《西山先生真文忠公文集》，《四部丛刊初编》，上海书店出版社 1989 年版。

16.〔明〕黄淮，〔明〕杨士奇编：《历代名臣奏议》，上海古籍出版社 1989 年版。

17. 刘建国：《守望天下第一江山：古城·京江·南山》，江苏大学出版社 2014 年版。

18. 傅伯星：《大宋衣冠：图说宋人服饰》，上海古籍出版社 2016 年版。

19. 夏令伟：《四十年来南宋四明史氏家族研究综述》，《中共宁波市委党校学报》2017 年第 5 期。

20. 龚延明：《宋代官品与品官制度》，《中华文史论丛》2022 年第 2 期。

21. 张瑞：《南宋禁军研究》，河南大学硕士学位论文，2014 年。

22. 淮建利：《宋朝厢军若干问题研究》，河北大学博士学位论文，2007 年。

本书的资料搜集得到华扬、何汉生、谭笑、钱彦惠的大力协助，谨致谢忱！